KÉSIA MESQUITA

POR QUE SOFREMOS?

REFLEXÕES SOBRE A NATUREZA DO SOFRIMENTO

Itapira, 2017

POR QUE SOFREMOS?
REFLEXÕES SOBRE A NATUREZA DO SOFRIMENTO

COPYRIGHT @2017 POR KÉSIA MESQUITA

COORDENAÇÃO EDITORIAL:	ENEAS FRANCISCO
REVISÃO PANORÂMICA:	FRANK RIBEIRO
REVISÃO:	THAÍS SILVA
DIAGRAMAÇÃO:	UPBOOKS
CAPA:	DENIS LENZI

UPBOOKS É UM SELO:
CASA PUBLICADORA BEREANA LTDA ME
RUA FRANCISCO OTAVIANO QUELUZ, 103
ITAPIRA - SP - CEP 13976-508

WWW.UPBOOKS.COM.BR

Dados Internacionais de Catalogação na Publicação (CIP)

(eDOC BRASIL, Belo Horizonte/MG)

M582p
    Mesquita, Késia.
        Por que sofremos? Reflexões sobre a natureza do sofrimento / Késia Mesquita. – Itapira (SP): Upbooks, 2017.
        168 p. : 16 x 23 cm

        Inclui bibliografia
        ISBN 978-85-66941-43-2

        1. Comportamento humano. 2. Relações humanas. 3. Sofrimento – Aspectos psicológicos. I. Título.

        CDD-128.4

Aos meus avós,
Iracy Santana Mesquita (in memorian)
Pastor Nestor Henrique Mesquita.

Vovó ensinou-me sobre resignação mais que qualquer outra pessoa.
Sua reação ao sofrimento, ao contrário de ser passiva,
mostrou-se sempre cheia de sabedoria.
Ela sabia colocar o problema nas mãos certas
e seu legado pavimentou o caminho que me levará à eternidade.

Vovô ensinou-me na prática sobre fé e misericórdia
muito além de qualquer sermão já ministrado.
Sua reação às dificuldades, perdas, traições,
calúnias e aplausos imprimiu em mim valores como humildade,
perseverança e resiliência. Meu avô é o mais perto que tenho de uma
resposta consoladora ao questionamento deste livro.
Sua vida me inspira a seguir crendo.

Agradecimentos

Ao Alfa e Ômega, Origem de tudo, por meio do qual existo e resisto. Nada tenho que Dele não tenha recebido. Ao Eterno, toda honra, louvor e glória.

Ao meu pai, Idoneil Mesquita. Você é a generosidade encarnada e sua fé em mim é sem tamanho. Obrigada por sempre ter apoiado e não medido esforços para investir nos meus projetos, mas principalmente por me ensinar a fazer o bem da melhor maneira possível.

À minha mãe e melhor amiga, Silvia Mesquita. Sua fé e serenidade me constrangem. Você é a pessoa mais parecida com Jesus que conheço. Definitivamente você me gerou duas vezes, e sua força e equilíbrio são sobrenaturais. Mãe, a senhora é singular e nada que eu diga está ao alcance de sua nobreza e beleza.

À minha amada irmã Débora Mesquita *(in memorian)*, que sempre apostou em mim. Escrevo agora em lágrimas, lembrando que após sua morte encontramos um pacotinho lacrado com as seguintes instruções: "abrir somente depois de ser aprovada em um concurso". Quando abrimos, era um voto. Naquele papelzinho cheio de corações estava escrito: "Investir no ministério da Késia". Obrigada Débora... por todas as noites que me pediu que lesse pra você. Pelas redações que me pediu pra escrever em seu lugar. Por sempre dizer que eu era a melhor e que não agüentava mais me ver com a cara nos livros. Saber o quanto você era sincera e o quanto acreditava em mim, me faz crer que estou no caminho certo.

Aos meus avós maternos, Gerardo Peixoto *(in memorian)* e Maria do

Socorro, e avós paternos, Nestor H. Mesquita e Iracy Santana Mesquita *(in memorian)* por todos os ensinamentos preciosos.

Ao meu esposo, Fernando Gutman, que decidiu amar alguém tão complexa como eu. Vive dizendo que sou mais inteligente e dotada de muitos talentos, mas você supera todos eles: sabe amar de uma forma que eu ainda não sei. Você é o cuidado de Deus em minha vida. Te amo.

Aos meus sogros, José Messias Leal e Amélia Gutman, que me amam como a uma filha. À Maria Leide (mãezinha), intercessora e amiga.

Aos familiares, especialmente Tia Jânia, que me acompanhou em todo processo e sempre fomentou esse sonho, e à prima Sandra Carvalho, que nunca faltou com uma palavra amiga.

A cada amigo real e virtual, perto ou distante, que regou esse projeto com palavras de incentivo e apoio. Não poderia deixar de citar minha irmã de alma, Agnelia Crump, que é um porto seguro sempre que preciso. Aos amigos sempre presentes e incentivadores: Ivaneil Mesquita, Fernanda Helylyan, Kátia Dayane, Iracy Mesquita, Hannah Caroline, Milca Joana, Carla Mistura, Dalmir Filho, Myel Araújo, Dannilce Rossi, Júnior Acrigno, Jônatas Abreu, Ivan Cunha, Naidyel Machado, Samyla Lustosa, Inácio Baldoíno, Levi Barros, Lucélia Macedo, Diana Laetícia e Cláudia Ferr.

Aos amigos Pr. Oséas Pontes e Pra. Fernanda. Obrigada pela alegria que trazem à minha vida.

À amiga e conselheira Márcia Cislânia. Você é uma flor rara que nasce entre as rochas.

À toda equipe do Centro Débora Mesquita, minha segunda família.

Ao meu pastor, Otoniel Sousa e sua esposa, Irmã Shirley, sempre tão amigos e intercessores, como também a toda congregação da IEAD no bairro São Cristovão, pertencente ao Campo Templo Central, em Teresina – PI.

Aos pastores da CEADEP, como também suas respectivas famílias.

Ao mentor e amigo José Osmando de Araújo. Do alto de sua sabedoria e profissionalismo, você me instiga à excelência, na leitura, escrita e na vida. Como disse certa vez, uma referência de decência e humanidade.

A todos os escritores, na pessoa do amigo Pr. Altair Germano, que gentilmente referenciou esta obra. Impossível mensurar tamanha honra.

Ao Pr. Frank Ribeiro, que generosamente apresentou nosso nome à Editora, e deu-me a alegria de não apenas prefaciar esta obra, mas de também lapidá-la, com atenção paternal. Não poderia estar mais feliz. Sua sensibilidade me comove e seu ministério me encanta.

À Editora UPBOOKS, que me acolheu e abraçou esse projeto com extremo profissionalismo e visão. Espero estar à altura do que vocês já vem produzindo.

Ao Pr. Eneas Francisco, que tem sido um exemplo de integridade, paixão pela literatura e de um homem visionário. Obrigada pela paciência e por cada orientação na produção desta obra.

E a você, que adquiriu este livro. Agradeço a compreensão de que, como C. S Lewis, nem sempre consigo estar "à altura dos meus próprios princípios"... mas prossigo. Tentando. Um dia de cada vez. E espero que você também.

Késia Mesquita
Julho de 2017

Sumário

Apresentação...011
Prefácio 013
Introdução – Primeiras palavras 017

CAPÍTULO 1 – O SOFRIMENTO..**021**
Não temos como escapar!...022
O que os homens dizem sobre o sofrimento 023

CAPÍTULO 2 – A DOR DE CONHECER **032**
Onde tudo começou...034
O Conhecimento 034
O Conhecimento na Bíblia...035
Sobre o Conhecimento 036
Por que conhecer o bem nos faz sofrer?...037
Alienar-se para não conhecer 039
Um conhecimento indispensável 040

CAPÍTULO 3 – EU SOFRO?..**043**
Admitindo a existência do sofrimento 044
Qual o nível do meu sofrimento?..045
Recordando sofrimentos 046
Fé X Sofrimento...049
Sim! Eu sofro!...050

CAPÍTULO IV - O FIM ONDE TUDO COMEÇA **053**
A experiência 054
Percebendo com clareza a situação 056
Sofrimento que causa mudança de visão 058
Felicidade: o propósito de Deus para o homem? 060
Pedindo ao Senhor que nos prove 062

CAPÍTULO 5 - SILÊNCIO! É PROVA! **065**
Preparados para a ingratidão? 065
Sofrimento que nos capacita para um novo estágio 067
Reagimos agradecidamente como Jó? 071
Por que Deus permite a provação? 075
Voltando à sala de aula 076
Dia de prova 079

CAPÍTULO 6 - HÁ BARREIRAS PARA DEUS **083**
Sofrimento como consequência da incredulidade e murmuração 087
Fé desenvolvida durante a caminhada cristã 090

CAPÍTULO 7 - MINHA FRAQUEZA, MINHA FORTALEZA **099**
Evitando o sofrimento através do autoconhecimento 103

CAPÍTULO 8 - SMD
SÍNDROME DA MANTEIGA DERRETIDA **111**
Sou sensível ou egoísta? 113
Meu sofrimento é legítimo ou é consequência do meu egoísmo? 116

CAPÍTULO 9 - NÃO DEPENDE DE NÓS **125**
Sofrimento causado pelo desconhecimento
ou rejeição de verdades inalteráveis 126
Salvação: uma questão de fé 127

CAPÍTULO 10 - A LEI INFALÍVEL **143**
Sementes que geram sofrimentos 144

CAPÍTULO 11 - CONSUMIDOS SEM CAUSA **159**

CAPÍTULO 12 - E A HISTÓRIA NÃO ERA BEM ASSIM... .... **171**

Apresentação

O depoimento de Késia Mesquita diante do grupo de profissionais de saúde, voluntários e jornalistas, no dia em que criamos no Grupo Meio Norte de Comunicação, o Núcleo de Atenção ao Suicídio, foi surpreendente e marcante. A narrativa que nos fez acerca da morte de sua irmã Débora, era rigorosamente consonante ao que disse o poeta Carlos Drummond de Andrade, de que a dor é inevitável, o sofrimento opcional. E mais - seguindo Leon Tolstoi- , de que a alegria de fazer o bem é a única felicidade verdadeira.

Passei a perceber que Késia, além de uma vontade irrefreável de ajudar aos outros, de levar alento aos que sofrem, possui um talento formidável para a literatura, uma paixão necessária pela poesia e um dom abençoado para a música, com bela voz e refinada qualidade para compor.

Os textos que escreve todas às quintas-feiras para o Jornal Meio Norte, com foco especialmente nos jovens, indicam que podemos aguardar uma escritora de intensa sensibilidade e uma capacidade rara de saber ler o mundo e as pessoas

José Osmando de Araújo, jornalista
Diretor de Jornalismo Grupo Meio Norte de Comunicação

Prefácio

Ler é uma coisa, e dar-se ao trabalho de ler é outra! Quem lê, ouve apenas a sua própria voz sobre o texto, e tão somente sobre ele; quem se dá ao trabalho de ler, além de ouvir a sua própria voz sobre o texto do autor, fala com o autor além do seu texto! Por conta disto, sou do ponto de vista que ao se falar, por exemplo, se um livro é bom ou ruim, não se pode deixar de ter em consideração a pessoa do leitor. Pois, um livro é feito tanto pelo autor como pelo leitor. Posso dizer que sou um leitor voraz, de verdade! Nunca achei um livro "ruim"; encontrei livros em diferentes níveis, em perspectivas diferentes e, por assim dizer, encontrei autores com histórias diferentes. Por conta disto, dialoguei com histórias contadas, narradas, descritas, escritas, escrituradas, ditadas, datilografadas, encantadas, desencantadas, criptografadas, cifradas, decifradas, estenografadas, encarnadas, desencarnadas, teatralizadas, bibliografadas, brancas, amarelas e incarnadas... Enfim: cantadas. E, quem dar-se o trabalho de ler, de alguma forma, foi transformado. Quem se der ao trabalho de ler passará pela balsâmica experiência da transformação.

Pois, bem! Se tens nas mãos este livro, antes de tudo, convido-te a dar-se ao trabalho de ler!

Inicialmente, chamo atenção a um detalhe no estilo: afirmações em contexto de generalizações! Não tome isto ao pé da letra, evite ler o livro a partir das molduras metodológicas. Por exemplo: *"sinto no íntimo que os mistérios mais profundos, ocultos e belos da existência estão reservados àqueles que mergulharam nas águas mais escuras e profundas do sofrimento"*.

Estou seguro de que estas "afirmações em contexto de generalizações", que aparecerão no corpo inteiro do livro, são por conta do encadeamento narrativo do texto, onde a autora pisa descalça no chão da experiência. Mas, o leitor atento vai logo perceber que as "afirmações em contexto de generalizações" vão sendo desfeitas, momento a momento, na mesma proporção em que as indagações são atiradas como flechas nos arcos do hálito gélido da condição humana, e que, de forma certeira, cravam o coração de homens e mulheres que, com pés descalços, pisam o chão do sofrimento: *"que tipo de sofrimento é o meu? É o sofrimento que traz em si a glória, o triunfo e a evolução? Ou é um sofrimento que mata a alma, sem propósito e descabido?"*.

Ainda chamo a atenção! Se apenas leres, já de cara o primeiro passeio pode enfadar-te; mas se te puseres ao trabalho de ler, sentarás no chão do sofrimento, pedirá licença à autora e deixará cair ao colo as indicações literárias sobre o sofrimento presentes na obra. Este passeio literário pinta um quadro geral sobre várias perspectivas a respeito do sofrimento, expondo as possibilidades dos vingativos, dos espetaculosos, dos pessimistas, dos otimistas, dos liberais, dos tradicionais, dos esquerdistas, dos de direita, dos egoístas, dos altruístas, dos exóticos, dos enrustidos, dos crentes, dos ateus... dos humanos! Este é um livro que interroga, que pergunta, ao mesmo tempo em que vai descortinando afirmações em torno do sofrimento.

Este é um livro de reflexões; um livro que nos pergunta muitas coisas, mas não apresenta respostas prontas, profilaxias mentais, autoajuda em papel de presente! As perguntas deste livro estão imersas num contexto de metas-narrativas de pés descalços, de sensações, de vivências reais, humanas e humanizadas. Késia diz: *"Não poderia estar escrevendo sobre o tema se eu mesma não fosse capaz de admitir meu próprio sofrer"*. E nos convida para chorar um pouco, quando afirma:

> Dor é o tipo de sentimento que não se compara e nem se pode medir. Entendo a existência de dores e dificuldades maiores do que as minhas, mas essa compreensão não tornou meu vale particular menos escuro e nem minha dor menos intensa. Não vou negar que foi doloroso. Não tenho razões para fingir que fui forte quando, na verdade, só tive forças para chorar. Não vou mentir que tirei cada situação de letra, administrando as adversidades com sabedoria, quando por vezes me deixei dominar pelo desespero e vencer pelo desânimo.

O livro é transpassado sutilmente por uma narrativa autobiográfica, mas não é um livro de autoajuda, é um estudo bíblico que faz uma reflexão sobre a natureza do sofrimento. É um livro para quem quer dar-se ao trabalho de ler! O livro não vai dizer o que se deve fazer, o livro vai dizer do sofrer! O livro ajuda a pensar! O livro é um diálogo visceral:

> Vamos adiante... Retiraria da casa de adoção uma criança para amar como filho, esperando enfrentar a dor do abandono depois de anos de sacrifícios para criá-lo? Ensinaria tudo o que sabe de sua profissão a um novato, mesmo sabendo que o mesmo planeja puxar seu tapete e ocupar o lugar que é seu? Que tal dividir a vida e dedicar-se a alguém que na enfermidade o abandonará? Mais uma pergunta... Você entregaria seu filho amado e inocente em favor de pessoas ingratas? Como? Fale mais alto! Não estou conseguindo lhe ouvir. Ah, sim... Sua resposta é não? É... acho que nem você e nem eu estamos preparados para situações assim.

Finalmente, este não é um livro técnico! Por isto, não seguiu rigores de citação, como Késia avisa na introdução:

> Relendo minhas agendas e observando algumas notas, textos e citações, ocorreu-me, num olhar perdido, tão profunda epifania de que tudo o que é realmente admirável, nobre, consistente e sincero provém do sofrimento.

Assim, sem os rigores das citações, pois, este não é um livro acadêmico, mas de reflexões sobre a natureza do sofrimento, faço coro com o hino 126 da Harpa Cristã, na quarta estrofe:

> Quando aqui as flores já fenecem,
> As do céu começam a brilhar;
> Quando as esperanças desvanecem,
> O aflito crente vai orar;
> Os mais belos hinos e poesias,
> Foram escritos em tribulação,
> E do céu, as lindas melodias,
> Se ouviram, na escuridão.

Um Conhecimento indispensável.

O livro é um convite para, como humanos, pessoas que em grande medida, são as próprias causadoras das suas insônias, a assumir a nossa falta de sono. Não esquecermos que há uma lei infalível: a lei da semeadura. O livro nos tira desta zona de conforto que, se sofremos, somos sempre vítimas de alguma coisa ou alguém. O livro apresenta-nos algumas *"sementes que geram sofrimentos"*.

Dentre os tantos desdobramentos que se apresentam no universo das interrogações presentes aqui, devo chamar atenção para a abordagem que nos confronta ao fato de sermos "consumidos sem causa". Entre outras afirmações, Késia diz: "*A perspectiva quanto ao sofrimento imerecido sofre mudanças radicais se a mente é alimentada com verdades eternas. Não falo do sentir, porque sofrer é dor. Falo de resiliência, aceitação e fé*".

O livro é finalizado com o Capítulo XVII, que logo de cara apresenta-nos uma ilustração fabulosa, que nos mata de vergonha, diante da nossa mesquinhez existencial. *"A vida vem em fragmentos"*. É um convite para pensarmos sobre a vida, afinal, a história não é bem assim: "*Temos muito a aprender. Constantemente julgamos uma pessoa por um único ato, um livro inteiro por uma página lida, um governo por uma deficiência, uma mensagem por uma colocação errada, uma história por um incidente, mas o pior de tudo é quando intentamos julgar a Deus por uma circunstância, perda, oração não respondida ou infortúnio que nos tenha ocorrido*".

Portanto, convido os leitores e leitoras a não apenas lerem este e outros livros, mas darem-se ao trabalho de ler, pois, assim sendo, atravessarão a palavra, ao tempo que serão travessados por ela; sendo, portanto, deste encontro que as epifanias acontecem, fazendo da leitura um elemento psicoterapêutico.

Este livro não tem uma conclusão formal!

Com os meus melhores cumprimentos,

Frank Ribeiro
Pastor – Psicólogo – Escritor da Upbooks

Introdução

PRIMEIRAS PALAVRAS

Sempre apreciei o expressar-se através da escrita. É empolgante compartilhar com o mundo conhecimento, ideias, conceitos e valores. Eternizar o pensamento é uma arte e um desafio. Amante dos livros desde a mais tenra infância, abracei como um dos meus projetos de vida escrever algo substancial que pudesse, de alguma forma, tocar, fazer refletir ou até mesmo transformar as pessoas, da mesma forma que cada livro fazia comigo. Então, surgiu o dilema: sobre o quê eu deveria escrever?

Relendo minhas agendas e observando algumas notas, textos e citações, ocorreu-me, num olhar perdido, tão profunda epifania de que tudo o que é realmente admirável, nobre, consistente e sincero provém do sofrimento. Eis o elo entre os homens, embora as injustiças sociais nos façam crer que não. Mas, no íntimo, considerando a multifacetada natureza do sofrimento, todos sofrem, gemem e lamentam seus males. E todos questionam alguma vez na vida por que sofrem.

Assim, elegi o sofrimento como minha matéria prima na composição desta obra, onde busquei expor minhas perguntas, analisar conceitos, destrinchar angústias comuns e investigar o porquê do sofrer. A intenção inicial era escrever um livro de bolso, pequeno e de fácil manuseio. Mas poderia eu ignorar a vastidão deste tema que nos atinge de forma pessoal? O resultado você poderá conferir nestas páginas, onde exponho a conclusão de que estamos longe de encerrar o assunto.

Por que sofremos? possui 12 capítulos. Mas não se assuste e nem se apresse. Vá com calma, releia se for preciso, pare para refletir quando necessário, e prossiga então. Te convido agora para juntos iniciarmos esta jornada.

Sobre o Tema

Segundo o ditado popular, que busca exemplificar o egoísmo e a individualidade, cada qual sempre "puxa a brasa para sua sardinha". É a inclinação humana de sempre querer ganhar ou ter razão. Quando, em determinada situação, raramente reconhece estar errado, é comum a procura de justificativas amenizadoras que aliviem o cruel e pesado fardo de culpa e vergonha. Ninguém se apraz em admitir um erro ou se enche de orgulho diante de uma derrota, seja ela no campo profissional, sentimental, ou mesmo espiritual. É desestimulante para o ego e terrivelmente constrangedor, principalmente considerando que vivemos em uma sociedade que, além de alimentar a própria hipocrisia não admitindo seus erros, menospreza a quem considera fraco e sem perspectivas de vir a ser alguém bem-sucedido.

Porém, por mais difícil que seja reconhecer um erro, nada é mais doloroso do que ter suas conquistas roubadas de forma desonesta ou ver, sem poder fazer nada, suas convicções, sonhos e princípios jogados na lama por convenções arbitrárias e injustas. Nada fere mais quando realmente se tem razão, quando realmente se está falando a verdade e injustamente, sem motivos claros e aparentes, somos condenados por algo que não falamos, fizemos ou pensamos. É doloroso defender a verdade sem aliados, lutar por uma causa nobre e por amor à mesma ser condenado. Afinal de contas, por que sofremos, mesmo quando percorremos caminhos tentando evitar o sofrimento?

Segundo Viktor Frankl, o pai da Logoterapia, médico judeu que sofreu nos campos de concentração nazista, o homem é capaz de sofrer as mais terríveis adversidades, mas não pode suportar o vazio em si mesmo. Creio de forma pessoal e vivida que ter uma causa, lutar pela verdade ou descobrir um propósito de vida, de fato, não elimina o sofrimento, mas traz sentido e pulsão de sobrevivência, colocando nosso olhar e esperança sempre adiante e além do sofrimento.

Lamentável é ver quantas pessoas sofrem, e até mesmo morrem, por nada. Pessoas que criam problemas para si mesmas. Não sofrem por causa alguma, por nenhum motivo nobre ou nem mesmo com as dores naturalmente humanas, mas sempre estão sofrendo, como consequência do orgulho e egoísmo que insistem em alimentar.

Não ponho neste livro a solução para o sofrimento humano, até porque ele é parte essencial da vida. Procuro compartilhar com você minhas conclusões alcançadas através de muitas leituras, experiências, conselhos e observação sobre a natureza de nossos sofrimentos, pois entendo que um pouco de compreensão sobre o assunto pode, sim, aliviar. E toda compreensão inicia-se nos questionamentos.

Como saber se o meu sofrimento tem razão de ser ou é apenas reflexo de defeitos em meu caráter que precisam ser corrigidos? Sofro por amor a Deus, com um amor altruísta e que me engrandece, ou por amor a mim mesmo, com um amor individualista e que me empobrece? Sofro ou apenas imagino que estou sofrendo? Como identificar a natureza do meu problema? Como reagir em situações onde sofro sem motivo algum? Como saber se estou sendo provado ou se estou apenas colhendo o que plantei?

Busquei inspiração na vida de Jó e de outros personagens bíblicos, a fim de responder algumas destas perguntas. Nesta pesquisa, parei muitas vezes, até ver em minha própria vida argumentos que justificassem o que eu escrevia. Como Paulo, digo que: *"Não que eu já o tenha recebido ou tenha já obtido a perfeição; mas prossigo para conquistar aquilo para o que também fui conquistado por Cristo Jesus. Irmãos, quanto a mim, não julgo havê-lo alcançado; mas uma coisa faço: esquecendo-me das coisas que para trás ficam e avançando para as que diante de mim estão, prossigo para o alvo, para o prêmio da soberana vocação de Deus em Cristo Jesus"*. (Filipenses 3:12-14).

Sinceramente, rogo a Deus para que este livro seja uma bênção oportuna em sua caminhada. Que através destas simples palavras sua vida possa ser enriquecida, e que o sofrimento não lhe cause tanto espanto, como geralmente acontece, tenha ele motivos de existir ou não, afinal, muitas coisas que nos acontecem nesta vida só serão reveladas pelo próprio Deus na eternidade.

Com amor em Cristo,
Sua companheira de jornada,

Késia Mesquita

"Há uma lição poderosa extraída da dor de constantes perdas sofridas: a felicidade não deve estar naquilo que pode ser perdido".

Capítulo 1

O Sofrimento

"Pois que tem o homem de todo o seu trabalho e da fadiga do seu coração, em que ele anda trabalhando debaixo do sol? Porque todos os seus dias são dores, e o seu trabalho, desgosto; até de noite não descansa o seu coração; também isto é vaidade". Eclesiastes 2:22,23

Tudo começou ali: no princípio! Foi no início de tudo, onde todas as necessidades eram supridas e todos os anseios satisfeitos; onde a comunhão com Deus era plena e cada nascer do sol levava ao homem, em seus raios, a descortinada glória de Deus. Foi no contexto da inocência, da pureza e da retidão. Foi no jardim perfeito, onde um único casal teve a chance de, ainda na Terra, desfrutar da plena felicidade. Foi exatamente ali que o sofrimento achou sua porta de entrada... E tudo porque uma falsa necessidade fora criada.

Eles possuíam tudo o que precisavam. Mas a serpente falou que precisavam conhecer mais. E então, eles conheceram. E nós também!

Passamos a conhecer o sofrimento. Agora conhecemos todas as suas facetas. A dor da culpa e da vergonha. A dor da traição e do abandono. A angústia da fome e da sede. Agora, sabemos o que é padecer a injustiça e conhecemos bem o tortuoso caminho da dúvida. A aflição das doenças e as perturbações da mente. Agora, sentimos na pele os apelos de desejos tão vis que quase não podemos controlar. Sabemos o que é ser enforcado pelo próprio orgulho e arrogância. Sabemos como é o vale da humilhação e da desonra. Sabemos como é colher os frutos amargos de alguns plantios indignos. Conhecemos a temperatura quente de lágrimas sofridas e a frieza da indiferença de pessoas que amamos. Passamos a sentir as profundas agulhadas do nosso próprio ego e o veneno das difamações. Agora, sentimos na alma a dor do desprezo e das perseguições. Conhecemos a guerra, os massacres e a falta de amor. Passamos a conhecer os estragos da desonestidade e as cruéis consequências da corrupção. Conhecemos a dor da separação e sentimos o vento congelante da morte. De fato, passamos a conhecer muitas coisas... E nunca mais fomos felizes como um dia dois dos nossos já o foram.

Deus quis nos poupar. Ah, eu creio que Ele quis! Ele desejou que os primeiros representantes da raça humana tivessem confiado plenamente nEle. Tanto desejou que arriscou dar a eles a possibilidade de escolha, como um Pai que ama Seus rebentos e para eles tem o melhor, mas não os impede de seguirem suas vontades e viverem nelas as naturais consequências. Mas o princípio foi quebrado, a lei transgredida e, a partir de então, o sofrimento é tão presente quanto a própria vida.

Desde o momento em que a linha tênue que separava a inocência do conhecimento foi rompida, o homem tem empreendido os mais árduos esforços para evitar o sofrimento. Ao dar-se conta de sua nudez, o homem de barro tem procurado fazer o caminho de volta, no desejo ardente de vestir-se novamente por inteiro da glória de Deus. Sempre houve na história a busca do homem pelo alívio à dor, culminando na procura pela fonte da juventude e o elixir da felicidade. Porém, o sofrimento tem a capacidade de alargar-se na alma à medida que tentamos evitá-lo, afinal, lutar contra o sofrer já não se constitui o próprio?

Não Temos Como Escapar!

Segundo a *OMS* (Organização Mundial de Saúde), a cada 40 segundos uma pessoa tira a própria vida... Tudo isso para fugir da dor! Fugir dos problemas, de um trauma não superado, de uma culpa não confessada, de um amor não correspondido, de uma angústia na alma que sufoca, da incerteza do futuro ou da certeza que se tem de não ser nada. Tira-se a vida para fugir de um vazio da convicção de ser apenas o resultado de uma explosão cósmica; da inevitabilidade da própria morte, do próprio corpo; fugir de tudo e do nada. Morrer pode aparentar ser indolor por ser desconhecido, porque o que da vida conhecemos nos atesta que, em sua composição, há elementos muito doloridos.

Teístas, ateus, panteístas, filósofos, cientistas, teólogos e todo pensamento existente, partindo ele de qualquer corrente religiosa, científica ou filosófica, são unânimes ao afirmarem que o sofrimento faz parte da existência como a conhecemos, sendo impossível separá-la da humanidade subjugada à mortalidade e ao pecado.

Alguém poderá questionar: *"Quer então me convencer de que o sofrimento é algo bom e natural, e que não há nada que possamos fazer? Certamente você não conhece minha vida nem calçou meus sapatos, não chorou minhas dores e não deve saber muita coisa sobre o que é sofrer!"*. Talvez não conheça mesmo e admito meu assombro diante de sofrimentos que julgo humanamente insuportáveis. Não o vejo como natural por não fazer parte do plano divino original, por isso tanta dor e inadaptação. Mas, sinto no íntimo que os mistérios mais profundos, ocultos e belos da existência estão reservados àqueles que mergulharam nas águas mais escuras e profundas do sofrimento.

A Bíblia diz que é *"bem-aventurado o homem a quem Deus prova"* (Jó 5:17) e os discípulos que sofreram fortes perseguições, e até mesmo a morte, glorificavam a Deus por terem sido achados dignos de morrerem por amor à causa de Cristo (Atos 5:14). Estes homens encontraram um gozo além das circunstâncias e firmaram-se em propósitos atemporais.

Isso me leva à reflexão de que realmente há algo de extraordinário no homem que só pode ser alcançado através do sofrimento. Há uma glória especial reservada aos que sofrem. Há uma lição poderosa extraída da dor de constantes perdas sofridas: a felicidade não pode estar naquilo que pode ser perdido. E isso também me leva aos seguintes questionamentos: que tipo de sofrimento é o meu? É o sofrimento que traz em si a glória, o triunfo e a evolução? Ou é um sofrimento que mata a alma, sem propósito e descabido?

Então, uma avalanche de perguntas surge em minha mente: se o sofrimento é uma consequência do pecado, por que o justo, muitas vezes, sofre mais que o ímpio? Por que crianças inocentes sofrem? Onde ficam, em toda essa história, o amor e cuidado de Deus para com aqueles que nEle confiam? Se fazemos tudo certo, por que sofremos? Tem que ter uma explicação!

E continuo tentando entender. E continuo sem respostas...

O QUE OS HOMENS DIZEM SOBRE O SOFRIMENTO

Muitos afirmam ser o sofrimento a prova da inexistência de Deus.

Segundo estes pensadores, se há um Deus, e se Ele é o que afirma ser, o sofrimento não deveria existir, e existindo, deveria estar reservado apenas aos homens maus. Tais homens ainda defendem que se Deus não pode evitar o mal, é porque Ele não é tão Onipotente quanto afirma ser. Contudo, tal dedução simplista e nada aprofundada desconsidera a opção do homem que o levou a desobedecer, e ignora o sentido real dos atributos divinos como amor, justiça e santidade.

C.S. Lewis, em seu livro *O Problema do Sofrimento*, defende que Deus não é Onipotente e Todo-Poderoso porque pode fazer o que quer, mas, sim, porque sempre faz o que deve ser feito, e que, mesmo em Sua onipotência, age dentro de uma lógica que Ele mesmo criou. Tendo oferecido ao homem o livre arbítrio, e tendo este feito o uso inadequado deste atributo divino, automaticamente, o homem submeteu-se a leis inferiores (leis químicas, físicas e biológicas também estabelecidas por Deus) em detrimento da lei superior que conduzia o homem na plena vontade de Deus.

Sendo assim, se toda vez Deus interferisse para alterar o curso natural de leis que Ele mesmo criou, estaria, na verdade, anulando o livre arbítrio. Portanto, segundo Lewis, a existência de um Deus bom e justo não exclui a possibilidade da existência do sofrimento. Afirmar que o sofrimento é prova da inexistência de um Deus bom e onipotente é uma explicação visivelmente falha em sua construção lógica, que desconsidera a existência de muitos elementos ativos do contexto, no entanto, considerada satisfatória por muitas pessoas que sofrem e decidem ignorar a existência de Deus.

Uns defendem que todo o sofrimento é causado pelo próprio homem, o que não deixa de ser verdade. Porém, tais pensadores excluem totalmente a presença de Deus do universo, como também a Sua Soberania e poder para deter o mal.

Friedrich Nietzsche (1844-1900), fluente filósofo alemão do séc. XIX, ateu confesso, atribuiu ao sofrimento o mesmo grau de importância que o prazer possui para a conservação da espécie humana. Afirma ainda que o mal não é um argumento contra o homem, mas, sim, a sua essência. Há neste último pensamento a grande verdade de que *"todos pecaram e destituídos estão da glória de Deus"* (Romanos 3:23), porém, para

Nietzsche, a glória de Deus simplesmente não existe. Ele defende a ideia de que o homem é responsável por si mesmo e, no que diz respeito ao sofrimento, considera estar nele o trampolim para as grandes realizações e feitos heroicos.

Os que enfrentam o sofrimento são os grandes responsáveis pela conservação da espécie, pois resistem ao bem-estar e não se rendem à busca ilusória da felicidade. No entanto, o seu modo particular de ver as coisas resume-se ao tempo curto do presente, encerrando-se numa postura pessimista e autocondenatória, onde não há espaço para a redenção e para o fim do sofrimento.

Albert Camus (1913-1960), escritor e filósofo francês, defendeu a tese de que os homens gostam do mundo e, na sua imensa maioria, não querem abandoná-lo, por isso sofrem por não poderem possuí-lo suficientemente e passam a viver como *"estranhos cidadãos do mundo, que são exilados na sua própria pátria"*. Como o ego nunca é satisfeito, a realidade sempre aparece aos homens como imperfeita e, segundo o pensador, apenas haveria uma forma, uma visão para o homem reconciliar-se com ele mesmo: encontrando-se com a morte. Em palavras mais simples, para que o homem pare de sofrer é preciso deixar de ser para sempre. Isto é o que Augusto Cury afirma em alguns de seus livros: *"sofrer é um privilégio dos vivos!"*.

Retomando as palavras de Albert Camus, *"as grandes almas se sentem menos apavoradas pelo sofrimento do que pelo fato de este não durar... As nossas piores torturas terão, um dia, de acabar. Certa manhã, após tantos desesperos, uma irreprimível vontade de viver virá anunciar-nos de que tudo acabou e que o sofrimento não possui mais sentido que a felicidade"*.

Portanto, mais uma vez encontramos uma visão incompleta e insatisfatória, que não responde aos anseios mais profundos da alma humana. Se na morte, de fato, tudo se encerrasse, nossos problemas estariam resolvidos. O suicídio, sem dúvida alguma, seria a solução mais prática e satisfatória. Está tudo indo de mal a pior no mundo? Um suicídio coletivo eliminaria por completo a dor, certo? Grande equívoco. Se há um Deus, se há um céu, se há eternidade e se há um inferno (e mesmo os ateus não podem descartar a possibilidade da existência desta verdade, afinal, se eles não podem provar a inexistência desta realidade, não podem afirmar com absoluta certeza que ela não exista), a vida não termina aqui e, portanto, o sofrimento também não. Considerar essa visão como verdadeira é negar por inteiro a Palavra de Deus; nega-se a existência da eternidade, nega-se a existência de uma alma eterna, nega-se a prestação de contas que cada um fará por seus atos, negando, ao fim, a existência do próprio Deus.

Outros, buscando um caminho mais racional, contemplam o sofrimento como parte da evolução humana. Franz Kafka (1883-1924), outro importante escritor alemão, em sua obra, *Meditação*, faz menção do descabido receio humano ao sofrimento, pois, segundo ele, todos os sofrimentos que nos cercam são necessários serem sofridos, pois não temos somente um corpo, mas um crescimento que nos conduz através de todas as dores. Em suas palavras:

> *"Do mesmo modo que a criança, através de todos os estágios da vida, se desenvolve até à velhice e até à morte (e cada estágio parece no fundo inacessível ao precedente, quer seja desejado ou receado), do mesmo modo nos desenvolvemos através de todos os sofrimentos deste mundo".*

Porém, se o sofrimento é tão somente para que o homem evolua, por que, ao invés disso, este está emocionalmente regredindo? Se fosse assim, à medida que o homem alcançasse mais maturidade, sabedoria, prudência e conhecimento, seria justamente poupado ou aliviado de cruéis sofrimentos. A questão é que a sabedoria, a velhice ou a maturidade não garantem a ausência do mesmo, visto que não somos seres isolados, e o sofrimento de outros pode nos atingir de forma tão profunda como se fora os nossos próprios sofrimentos.

Outro ponto a destacar, onde faço coro ao prêmio Nobel da Paz de 1984 de Desmond Tutu, é que *"o sofrimento torna algumas pessoas amargas, mas enobrece outras"* e um olhar rápido sobre a nossa realidade nos leva à conclusão de que a nobreza gerada pelo sofrimento tem encontrado bem menos espaço do que a amargura na humanidade.

Outro pensamento concernente ao sofrimento é o do escritor e filósofo brasileiro de nacionalidade portuguesa, Matias Aires (1705-1764), que, em sua obra, *Reflexões Sobre a Vaidade dos Homens*, lança um olhar crítico ao valor que o homem dá ao seu próprio sofrimento, considerando este último como um dos estados da vaidade humana. Segundo Aires, o homem muitas vezes não admite alívio às suas mágoas e arma-se de aspereza contra tudo o que possa consolá-lo, como querendo que a constância na pena o justifique e sirva para mostrar a sua má fortuna. Dando prosseguimento à sua reflexão, Matias afirma que *"parece-nos que o ser firme à nossa dor é prova de ser justa; esta ideia nos inspira a vaidade, menos preocupada com o sossego do nosso ânimo do que atenta em procurar a estimação dos homens"*. Em sua visão, o fato de um grande sofrimento ser admirado, e até respeitado, é o que basta para que a vaidade faça com que os homens persistam no sentimento de sofrer.

Matias Aires parece, nesse ponto, concordar com Luigi Pirandello (1867-1936), dramaturgo, poeta e romancista siciliano. Luigi dizia que quando o homem sofre, este costuma fazer uma ideia própria do bem e do mal, ou seja, do bem que os outros lhe deveriam fazer, como se do seu sofrimento derivasse direitos a serem compensados, e do mal que pode fazer aos outros, como se, de igual forma, o seu sofrimento o autorizasse a fazê-lo. É essa a justificativa mais comum aos vingativos ou aos que fazem do seu sofrimento um espetáculo.

Porém, aquele que violenta porque foi violentado, aquele que mata porque foi injustiçado ou aquele que rouba por achar que não recebeu o que devia, não consegue, através de tal "autodefesa", eliminar o sofrimento que lhe fora causado primeiramente. Ao contrário, apenas fermenta, intensifica e prolonga o sofrimento, desencadeando um ciclo vicioso onde se sente momentaneamente satisfeito em provocar dor aos outros, sem dar-se conta de que a provoca para si mesmo. Bem observou Gandhi: *"olho por olho, e o mundo ficará cego"*.

Mas, de todos os pensadores citados, provavelmente Arthur Schopenhauer (1788 – 1860) seja o mais associado ao tema sofrimento. Filósofo alemão da corrente racionalista, era extremamente pessimista. Defendeu a ideia de que *"toda vida é sofrimento"* e de que *"a dor não se interrompe"*, conceituando o prazer como a supressão momentânea da dor. Em sua obra mais famosa, *O Mundo Como Vontade e Representação*, Schopenhauer dedica atenção especial ao sofrimento em seu quarto capítulo, nos tópicos intitulados *Viver é Sofrer, Continuidade da Dor* e *Confirma-se que Viver é Sofrer*.

Considerando toda a realidade externa uma representação projetada e objetivada pela vontade (pensamento, desejo) dos fenômenos (que vai desde seres irracionais até aos mais evoluídos, como o homem), o filósofo do sofrimento explica que a vontade, ou seja, que o desejo dos seres (dos evoluídos ou não) não tem nenhum escopo final. Ou seja, a natureza de tudo o que existe é sempre aspirar, desejar. É essência dos seres viventes a aspiração perpétua que nenhum objetivo atingido consegue exaurir, não encontrando, portanto, a satisfação final. Segundo Schopenhauer, cada aspiração nasce de uma necessidade, existindo o sofrimento até tal necessidade ser satisfeita. Porém, quando determinada necessidade é suprida, outra necessidade surge então, tornando-se toda satisfação sempre o ponto de partida para uma nova fase de aspiração e, consequentemente, de sofrimento.

Outro ponto importante que deve ser levado em conta na filosofia schopenhauerana é a sua defesa de que quanto mais evoluído o fenômeno, ou seja, o ser, na mesma medida o sofrimento torna-se cada vez mais patente. Para esclarecer sua tese, usa o exemplo da planta em que não há sensibilidade nem conhecimento, portanto, a inexistência da dor. Fala também dos animais, que possuem um grau mínimo de sofrimento, por não possuírem o elevado grau de consciência que lhe permita sofrer demasiado. Falando do homem, usa as seguintes palavras:

> *"À medida que o conhecimento se torna mais claro e que a consciência aumenta, o sofrimento cresce, chegando no homem ao grau supremo (...) e quanto mais excelsa é a sua inteligência, aquele em quem está o gênio é sempre aquele que maiormente sofre. Neste sentido, isto é, como conhecimento em geral, e não como simples saber abstrato, entendo e cito a sentença do Eclesiastes: quem acresce o seu conhecimento, acresce também a dor. (...) em essência, viver é sofrer"*

Sempre apreciei a sentença de Eclesiastes (1:18) citada por Schopenhauer. É certo que o homem sofre porque tem consciência. Não é o que já foi dito sobre Adão e Eva? Ao tomarem consciência do mal e do pecado cometido passaram a conhecer o sofrimento. E quanto mais se conhece, mais pesado o fardo fica, e por alguns instantes senti uma forte inclinação a apreciar a filosofia de Schopenhauer como a mais próxima da realidade, afinal, não é racional e "realista" pensar que *"a vida não é senão uma luta pela existência, com a certeza duma derrota final"*? E apesar da visão pessimista que o filósofo possui, ainda há, segundo ele, uma maneira de se chegar à felicidade. É neste ponto que sua teoria se desestrutura, outorgando ao homem a responsabilidade de gerar a sua própria felicidade.

Para ele, a arte se torna um poderoso paliativo para o sofrimento humano (o que não deixa de ser verdade), e acrescenta a moral como possibilidade de escape da dor continuada. O homem deve voltar-se para a superação do egoísmo e considera que a suprema felicidade somente pode ser alcançada pela anulação da vontade (anulação esta encontrada por Schopenhauer no misticismo hindu, particularmente o budismo), sendo o *nirvana* o estado de aniquilação total da vontade, onde o homem alcança felicidade real e estável. Porém, se o conhecimento é que traz à consciência o sofrimento, e se a consciência é representada pela vontade, logicamente, se a vontade é totalmente anulada, a consciência deixa de existir, havendo, portanto, uma regressão do homem, e não uma evolução.

Considerando que aceitamos o criacionismo como verdadeiro, ancorado na supremacia bíblica pelo Espírito de Deus revelado, conceber tal teoria como verdadeira é negar toda a ação da Divindade na formação do homem, como também o plano salvífico e redimidor de Cristo, relegando ao homem a responsabilidade pela própria redenção. Negar a natureza ou atingir um nível absento de vontade ou consciência não glorifica a Deus. O fato de todos terem pecado gerou a necessidade de um sacrifício perfeito que deve ser aceito por fé. Não é por obras ou justiça, para que ninguém se glorie.

E, se havendo a anulação total da vontade e da consciência, que espécie de Deus seria o nosso, que atrairia para Si filhos e adoradores projetados, sem vontade, sem consciência e sem sentimentos? Tudo seria falso, como um teatro de marionetes, manipulados pela mão de um grande deus, deus este, diga-se de passagem, intransigente, muito longe da figura do Deus justo e amoroso encontrada nas páginas da Bíblia.

Outro ponto que destoa completamente da fé bíblica é a afirmação do pensador de que lutamos pela existência com certeza da derrota final. Sendo assim, mais uma vez voltamos ao conceito de que a morte é o fim de tudo. De tal forma, a ressurreição seria uma mentira, Jesus não teria vencido a morte e o homem seria apenas um corpo que se desfaz, sem alma, sem essência e destituído de eternidade.

Os homens falam muitas coisas sobre o sofrimento. Tentam achar uma explicação. Elaboram teorias. Filosofam sobre o seu significado e propósito.

Eles continuam falando sobre o sofrimento.

O homem continua sofrendo. E sigo sem entender...

"O conhecimento libertador nos acrescentará algum sofrimento nesta Terra, mas, no final de tudo, ele realmente nos libertará, pois nos conduzirá de volta aos braços de Deus."

Capítulo 2

A Dor de Conhecer

"Porque na muita sabedoria há muito enfado;
e quem aumenta seu conhecimento, aumenta a tristeza"
Eclesiastes 1:18

Acredite: Há quem prefira viver na ignorância! Já cantara esse desejo o compositor brasileiro Orlando Silva: "... *eu vou vivendo assim feliz, na ilusão de ser feliz. Se o amor só nos causa sofrimento e dor, é melhor a ilusão do amor... eu não peço e nem quero para o meu coração nada além de uma linda ilusão*".

Há os que preferem o engano e o cômodo estado do não saber. É aterrorizante tomar conhecimento de um crime, restando como testemunha do mesmo. É menos doloroso não descobrir a traição. É mais conveniente ignorar os desvios de verba da empresa onde você trabalha. É menos cansativo perguntar o que não se sabe a um outro alguém que saiba do que aprender e ensinar. É mais verossímil o sermão de quem não se conhece a vida particular. É mais genuíno o louvor de quem não possui intimidade com você. É melhor não conhecer a Palavra para não ser culpado e estar cego à lei para não ser condenado. É melhor tapar os ouvidos à voz de Deus para evitar o peso da responsabilidade. É melhor não progredir em ciência para evitar maiores sofrimentos e tristezas.

Mas cada homem traz em si a semente do conhecimento. Todos possuem, ainda que de forma mínima, a capacidade de conhecer.

E por conhecer, o homem sofre.

Porque o conhecimento traz sofrimento.

Será?

Onde Tudo Começou

Então, voltamos ao ponto de partida: à dispensação da inocência.

No princípio...

Criados por um Deus perfeito, Adão e Eva eram fisicamente e moralmente perfeitos, não havendo nenhum tipo de malícia neles ou no ambiente em que foram inseridos. A Bíblia é clara ao afirmar que eles não conheciam "o bem e o mal" (Gênesis 3:5), e isso fica evidente no próprio ato de cederem à proposta maligna. Os primeiros habitantes da Terra foram induzidos a acreditarem que teriam o mesmo conhecimento pertencente a Deus se desobedecessem à ordenança divina, associando-se ao tentador. Porém, o caminho da desobediência leva o homem a adquirir um falso conhecimento e o arrasta para bem longe do conhecimento de Deus.

Os primeiros habitantes da terra fizeram uso do livre-arbítrio e decidiram desobedecer a Deus. Assim sendo, rebaixaram-se do estado de possuir um conhecimento pleno de Deus para adquirirem um conhecimento embaçado e fosco e constantemente inacabado.

A Bíblia fala do nosso conhecimento como sendo parcial (1Coríntios 13:9-12). Contudo, ainda assim é um conhecimento real, que se expande para diversos aspectos da vida humana.

O Conhecimento

De maneira geral, podemos conceituar conhecimento como aquilo que se sabe sobre algo ou alguém. Deve-se tomar cuidado para não confundir conhecimento com informação, pois o primeiro se reveste de intencionalidade e propósito, sendo a informação capaz de existir sem intencionalidade alguma.

A gnosiologia é o ramo da filosofia que estuda o conhecimento, preocupando-se com a validade do mesmo em função do sujeito cognoscente, ou seja, daquele que conhece o "objeto conhecido". A teoria do conhecimento de Aristóteles, filósofo grego, afirma que o que nos distingue como seres racionais é a capacidade de conhecer. E, segundo o filósofo, conhecer está ligado à capacidade de entender a essência do objeto/coisa/situação a ser conhecido. Afirma ainda que o conhecimento não pode chegar ao intelecto sem antes ter passado pelos sentidos.

Dessa forma, podemos dizer que Adão conheceu o estado pecaminoso em que se encontrava a partir do momento em que pode ver e sentir sua nudez, como também o medo e a culpa, que lhe fizeram fugir do encontro com o Criador. Antes disso, ele era inocente quanto ao pecado e quanto à sua própria nudez, sendo impossível para ele conhecer no intelecto as consequências que lhe sobreviriam sem antes tê-las sentido.

Ainda segundo o pensamento aristotélico, conhecer é saber a causa de algo, pois se você sente uma dor no corpo e desconhece a sua causa, não poderá tratar a dor, pois não conhece a essência. É a partir do conhecimento das causas que se estabelecem as leis e regras. E, finalmente, defende que a razão servirá para classificar o conhecimento de acordo com suas causas e intencionalidades.

O conhecimento sensorial nos permite sentir a dor. O conhecimento intelectual atesta a existência do sofrimento e busca explicações lógicas que o justifiquem. O conhecimento vulgar permite que todos convivam com a dor. O científico procura sistematizar o sofrimento, enquanto o filosófico busca suas causas e sua essência. O conhecimento intuitivo faz-nos perceber o sofrimento e conduz-nos a racionalizá-lo. Por fim, o conhecimento teológico procura na revelação divina a explicação para o sofrimento.

O Conhecimento na Bíblia
Terminologias

Nas Sagradas Escrituras, há diversos vocábulos hebraicos para designar a palavra conhecimento. O mais comumente usado é o verbo hebraico *yaada*, significando *conhecer por experiência*.

No Antigo Testamento, o substantivo *da´at* frequentemente é usado como sinônimo de sabedoria (Jó 15:2; 33:3; Provérbios 1:4; 1:7; Eclesiastes 1:16,18; 2:21,26), e o verbo *nakar* corresponde aos termos conhecer, discernir, perceber ou reconhecer (Gênesis 37:33; 42:7,8; Rute 3:14; Jó 2:12).

Já no Novo Testamento, os dois verbos mais usados são os verbos gregos *ginosko* e *oida*. *Ginosko* tem uma variedade de usos, parecendo dar ênfase ao ato de ganhar ou ter conhecimento através de uma experiência pessoal (João 17:3; Efésios 3:19; Filipenses 3:10). *Oida* corresponde ao ato de conhecer por observação e pode significar uma percepção puramente mental (Mateus 12:25; Lucas 6:8; Marcos 12:15), podendo também ser usado em relação a saber um fato ou verdade familiar (Mateus 20:25; Marcos 4:13).

Epistamai é outro verbo grego que significa entender ou ser inteligente (Atos 10:28; 1Timóteo 6:4; Tiago .3:13)[1].

Definições

Segundo o dicionário Webster (1958), conhecimento significa:

1) Familiaridade obtida por experiência real; habilidade prática;
2) Familiariedade com o fato;
3) O ato ou o estado de compreender; a clara percepção da verdade;
4) Que é obtida e preservada através do saber; esclarecimento; aprendizado.

James Orr assim define conhecimento:

"*Conhecimento é, rigorosamente, a apreensão pela mente de algum fato ou verdade em concordância com sua verdadeira natureza; em uma relação pessoal, o ato intelectual está necessariamente conjugado ao elemento de afeição e vontade*".

Sobre o Conhecimento

Antes da queda, o mal já existia, porém, só foi percebido por Adão e Eva após ser conhecido em consequência do mau uso da liberdade que possuíam. Vale salientar que o pecado não estava no objeto tocado ou provado, mas no ato de desafiar a Deus, que os havia alertado que se assim fizessem, certamente morreriam. Depois de caírem na tentação de desobedecerem a ordenança divina, tornaram-se cônscios do mal que representa uma escolha feita em oposição à vontade de Deus.

A verdade é que eles tinham o conhecimento límpido e pleno sobre Deus. A consciência (mente) deles era totalmente formada pelos princípios divinos, fazendo com que eles agissem de acordo com os mesmos. Porém, em consequência da desobediência, este bom conhecimento, ao qual o homem tinha pleno acesso, sofreu alterações, restando ao homem um conhecimento parcial e ofuscado sobre Deus. A consciência do homem passou a ser defeituosa, deixando muitas vezes de guiar o indivíduo pelos padrões divinos, fazendo com que este opte deliberadamente pelo pecado

---

1   PFEIFFER, Charles F., VOS, Howard F., REA, *John. Dicionário Bíblico Wycliffe*. Rio de Janeiro: CPAD, 2006, p.445.

e o que transgride o estabelecido por Deus.

Antes da queda, o conhecimento era pleno e a comunhão era direta. Após o ato fatídico de desobediência, nosso conhecimento sobre Deus foi reduzido significativamente e a nossa comunhão tornou-se indireta. Certo é que, depois do rompimento entre Criador e criatura, passamos a conhecer o mal e as suas consequências, e temos buscado incessantemente retomar o conhecimento pleno sobre Deus.

Sendo então escravos do pecado e de um entendimento equivocado, Jesus nos convida a buscar o conhecimento da verdade, afirmando que tal conhecimento nos libertará da maldição do pecado: *"E conhecereis a verdade, e a verdade vos libertará"* (João 8:32). Então, podemos deduzir que há um conhecimento que nos leva à dor e ao sofrimento, e um conhecimento que liberta e nos toma pela mão, a fim de conduzir-nos de volta à felicidade e comunhão direta com o Criador.

Tomando como base tal afirmação, deveríamos supor que o conhecimento libertador não traz sofrimento e evita toda sorte de males. A questão é que esse mesmo conhecimento libertador também nos faz sofrer. E o pior: muitas vezes nos faz sofrer muito além que os demais!

Por Que Conhecer o Bem Nos Faz Sofrer?

A resposta é simples: Porque quanto mais conhecemos o bem, mais conhecemos o mal. Quanto maior é a nossa consciência do bem, maior é a nossa consciência do mal.

Um exemplo prático pode esclarecer ainda mais essa verdade: Se por toda vida alguém bebeu água barrenta, salobra e quente, sem acesso a água potável, gelada e limpa, certamente aquela primeira água será considerada satisfatória e boa. Quando o indivíduo passa a beber água potável, limpa e gelada, sua consciência, juntamente com a experiência de beber das duas águas, dirá que a água suja não é boa, e a partir de então sofrerá toda vez que precisar tomá-la. Quer outro exemplo? Maçãs! Lavar somente bastava. Desde que vídeos na internet passaram a circular, mostrando que a maioria delas possuem alto teor de parafina porque são enceradas a fim de estarem mais agradáveis aos olhos do consumidor nas prateleiras dos supermercados, é quase impossível controlar o impulso de pegar uma faca para dar uma raspadinha antes de comê-las.

Quanto mais conhecemos e nos aproximamos do padrão divino, mais repulsa e tristeza sentimos com o pecado. Quanto mais sabemos o que alegra e agrada a Deus, mais sofremos quando contemplamos aquilo que O desagrada e O desonra. E o fato de vivermos ainda neste mundo nos coloca constantemente frente a tais situações, sendo realista afirmar que o sofrimento vem embutido no conhecimento libertador, fazendo parte da caminhada rumo à libertação total.

É preciso entender que, enquanto vivendo na Terra, a liberdade é parcial, ou seja, somos limpos de nossos pecados e passamos a não ser mais escravos deles (embora tentados muitas vezes e tropeçando de vez em quando), porém, ainda estamos presos a um corpo mortal, vivendo em meio a uma geração corrompida e afastada de Deus. Quanto mais nos achegamos ao padrão de Deus, mais nos afastamos dos padrões humanos. Quanto mais conhecemos a mente do Senhor, mais sofremos com aquilo que O aborrece.

Isso fica evidente na vida dos profetas. Eles, mais do que qualquer outra pessoa, sofriam e choravam por causa das iniquidades cometidas pelo povo. Por terem consciência do padrão divino, sabiam que as abominações praticadas por seus compatriotas eram de extrema gravidade, atraindo para a nação juízos terríveis e avassaladores. Eles anunciavam, alertavam, conclamavam o povo ao arrependimento, e por causa disso, quase sempre eram desprezados e tidos como loucos.

Vejamos o exemplo de Ezequiel. Este profeta recebeu da parte de Deus visões sobre os juízos que viriam sobre a cidade de Jerusalém por causa das muitas abominações cometidas por aquele povo. Aqueles homens ímpios simplesmente achavam que o que eles faziam não era visto por Deus, ou seja, possuíam um conhecimento equivocado da realidade. Sendo assim, Deus avisa a Ezequiel que viria com grande furor sobre os que praticavam tais iniquidades. Fico imaginando a dor, o peso e a tristeza de receber uma notícia como esta. Ezequiel sofre e se entristece com o destino do seu povo, enquanto este segue em seu caminho, despreocupado e obstinado em suas práticas abomináveis.

Então, no Capítulo 9 de Ezequiel, surge algo muito interessante de ser observado. Deus deu ordem para que o escrivão passasse na cidade e marcasse com um sinal na testa todos os homens que suspiravam, sofriam e gemiam pelo pecado que se cometia nela. Aos que não tivessem o sinal, foi dada ordem para que os executores não os poupassem, e assim aconteceu. A ordem foi que iniciassem a limpeza pelo santuário e depois saíssem pela cidade. Chegando no versículo 8, lemos o seguinte: *"Havendo-os eles matado, e ficando eu de resto...".*

O povo achava que tudo ia bem. Eles não tinham conhecimento sobre Deus, e por isso não se importavam de transgredir os mandamentos. Mas, no final de tudo, em meio a um massacre, apenas o homem que gemia e sofria por causa dos pecados fora poupado. O sinal era: sofrer por conhecer e entender a vontade de Deus. Sim! O conhecimento libertador faz com que compartilhemos dos sentimentos de Deus, e entre eles o aborrecer-se com o pecado.

Sofremos quando comprovamos que muitos no ministério importam-se mais com os lucros do que com as pessoas. Sofremos quando vemos lares desfeitos ou a proliferação de relações pecaminosas, opostas ao que Deus planejou para o homem. Nos entristecemos com a idolatria. Nos aborrecemos com a feitiçaria e magias ocultas, que escravizam os homens a pactos que os subjugam. Ficamos muitas vezes inconformados em ver como as pessoas depositam sua confiança em coisas de nenhum valor. Sofremos quando vemos alguém fazendo a obra de Deus por vaidade, inveja e ciúmes, ou quando vemos nossos governos serem guiados pela corrupção, pela mentira e pelo materialismo. Sofremos ao ver o desabrigado sem ter o que comer ou onde morar, afinal, ele também foi feito à imagem e semelhança de Deus; sofremos porque sabemos que a vida dos miseráveis não era para ser assim. Nosso coração fica entristecido com a falta de amor, com os julgamentos precipitados, com a falta de misericórdia, com a desonestidade, com a traição ou com a indiferença. É doloroso ver como as pessoas se deixam levar pelos vícios. É revoltante saber de pais que violentam os próprios filhos, e de crianças que sofrem todo tipo de abuso. Ah... São tantos os motivos que nos causam pesar quando possuímos o conhecimento da verdade!

Alienar-se Para Não Conhecer

Conhecendo de perto histórias de pessoas que sofrem com transtornos mentais graves e psicóticos, que perderam completamente a noção do que é certo ou errado, observo um fato comum a quase todos esses casos de ausência de consciência traumática: a maioria deles, ao tomarem conhecimento de determinado fato, ficaram transtornados, a ponto de alienarem-se do mundo. A dor de saber algo pode ser tão grave e profunda, a ponto de levar suas vítimas a não desejarem mais conhecer.

A pobre mulher que casou achando que seria para sempre, até o dia em que chega em casa e encontra o marido deitado com a melhor amiga. O homem que foi abandonado pela mulher e nunca mais teve notícias do filho que tanto amava. O pai roubado pelo próprio filho, ou o jovem preso por causa da armadilha de um falso amigo.

Muitos perderam a razão para não sofrerem de novo a dor de conhecer. Além da razão, muitos perdem a própria alma porque não tiveram estrutura para saber. O novo convertido que pensava que na igreja não existia espaço para fraudulências e roubos. A jovem que acreditou nas doces palavras de um "homem de Deus", para descobrir, ao fim, que ele só queria levá-la para a cama. A senhora que não suportou ser desprezada por não estar vestida no "padrão", ou o jovem pregador que considerou o ministério uma ilusão ao tomar conhecimento de que sua referência espiritual não vive o que prega. O homem sofrido que não esperava encontrar na igreja calúnias, invejas e dissensões.

Em todos esses casos, a realidade entra em choque com o que era idealizado. O conhecer nos arranca do universo ideal para o mundo real. Porém, alienar-se faz com que você fique alheio ao mal e ao bem, e isso pode ser muito prejudicial. Ignorar o bem ou o que é bom é um mal extremo que deve ser evitado. Infelizmente, a realidade nos mostra que são muitos os que entraram por esse caminho... Não tiveram forças para reagir. Depositaram toda a confiança em um ideal ou em alguém, e quando isso lhes foi tirado, imediatamente se viram sem um propósito digno pelo qual viver. Conheceram a dor da desilusão, mas não conheceram o amor restaurador de Deus e Sua verdade libertadora.

Um Conhecimento Indispensável

Alienar-se não é a solução. O caminho para que o conhecer não sufoque nossa alma, não perturbe nossa mente e nem mate o nosso corpo é buscar alguns conhecimentos indispensáveis. Sim! Conheça e tenha consciência da maldade; não seja alheio ao que está errado; não aliene-se do mundo à sua volta: descubra o que é verdade e o que é mentira; se desfaça de suas ilusões, se entristeça com o pecado; chore com as injustiças, não seja indiferente às misérias do mundo... Mas também procure saber que tudo é uma questão de tempo; tome consciência que esta vida, tal qual conhecemos, não passa de um sopro; aprenda sobre Deus, o justo Juiz de toda a Terra; acredite na lei da semeadura e seja confortado pela fidelidade do Senhor. Beba do amor que jorra da cruz; espere o cumprimento da promessa de que Ele enxugará dos nossos olhos toda a lágrima e saiba que conhecer os males deste mundo só nos fará valorizar ainda mais a bondade de Deus, fazendo com que desejemos voltar para Ele mais do que qualquer outra coisa neste mundo.

O conhecimento libertador nos acrescentará algum sofrimento nesta Terra, mas, no final de tudo, ele realmente nos libertará, pois nos conduzirá de volta aos braços de Deus. Quando tudo aqui terminar... a dor de conhecer poderá salvar a sua vida!

Capítulo 3

Eu Sofro?

> "Por que estás abatida, ó minha alma?
> Por que te perturbas dentro de mim?
> Espera em Deus, pois ainda o louvarei,
> a Ele, meu auxílio e Deus meu".
> Salmo 43:5

Quando viajava de São Paulo a Brasília, muito confortável, deitada afortunadamente sobre duas poltronas, admirando a bela paisagem proporcionada pela vegetação verde e densa das terras mineiras, fui chamada do alto de meus pensamentos a observar, mesmo sem querer, um senhor que conversava ao celular, num tom audível aos que estavam ao seu redor. Ele falava sobre a necessidade de união no grupo por uma causa maior. Exortava ao que estava do outro lado da linha para que tivesse paciência e sabedoria na hora de tomar qualquer decisão. As expressões usadas por esse senhor me fizeram acreditar ser ele um pastor.

No mesmo instante em que encerrou a ligação, levantei-me sobre os joelhos na poltrona e o cumprimentei. Sem rodeios, lhe indaguei: "*Assunto sério?*". Ele gentilmente sorriu e respondeu: "*Um pouco*". Nos apresentamos e logo lhe falei sobre sua semelhança com meu avô, que é pastor, e perguntei se ele também era ministro de alguma igreja. Ele sorriu e me disse: "*Sim, sou um ministro, mas não de uma igreja. Trabalho com os Alcoólicos Anônimos e considero minha missão um sacerdócio*".

Fiquei maravilhada quando disse não fazer questão de ser entrevistado ou ter seu nome divulgado, porque não era ele quem deveria aparecer, e sim a instituição. Relatou-me sua experiência com o álcool desde o início de sua adolescência até o dia onde percebeu que precisava de ajuda e procurou o AA. Graças a Deus, no caso desse senhor, ainda jovem ele admitiu o problema que tinha e recorreu a todo tipo de ajuda para superar o vício, mas como ele mesmo disse, só se livra do vício quem primeiro admite que o tem.

Admitindo a Existência do Sofrimento

Resolvemos o mal-entendido através de um diálogo franco. Mudamos de comportamento quando admitimos o erro. Superamos um trauma quando falamos sobre ele. Solucionamos um problema não negando sua existência, e sim encarando-o de frente para resolvê-lo. Fugir não é a solução!

Quanto ao sofrimento, só aprendemos a lidar com ele se o admitimos e identificamos suas causas e natureza. Falar sobre o que nos faz sofrer não eliminará a dor, mas pode mudar nossa perspectiva quanto ao mal que nos aflige. É bem parecido quando falamos sobre a morte. Pessoas que vivem como se a morte não existisse sofrem muito mais do que aquelas que refletem sobre sua inevitabilidade, natureza e consequências. Na verdade, quase tudo em nossa vida gira em torno de admitirmos determinada necessidade.

Como disse Oswaldo Chambers: *"Jesus Cristo não pode começar a fazer algo para um homem a menos que este conheça a sua necessidade. A entrada para o Reino de Deus é sempre por meio da fronteira moral da necessidade."*.

Antes do perdão, a confissão. Antes da paz, a guerra. Antes do alívio, a provação. Antes da vitória, a tentação. Antes da alegria, a tristeza. Antes da aprovação, o teste. Antes da felicidade, o sofrimento. Antes da ressurreição, o sacrifício. Antes da vida eterna, a morte. Muitos de nós nos voltamos para Deus porque simplesmente não tínhamos mais para onde ir. A nossa necessidade nos levou a Deus.

Como diz Robert Bolton:

> *"Um homem precisa sentir-se miserável antes de encontrar um remédio, ficar doente antes de buscar um médico, ser aprisionado antes de buscar perdão. Um pecador deve estar cansado dos seus caminhos ímpios anteriores antes de buscar o refúgio de Jesus Cristo para se renovar. Ele deve ser sensível à sua pobreza e mendicância e escravidão espiritual pelo diabo, antes de ter sede de justiça celestial e estar disposto a tomar o jugo leve e suave de Cristo. Deve ser expulso,*

confundido, condenado, considerado um pária, perdido em si mesmo antes de procurar um Salvador".

Aquele que ama a Deus traz em si a necessidade de agradá-Lo, não por obrigação, e sim por pura alegria e prazer. A necessidade que temos de agradá-Lo faz com que tenhamos novas prioridades e uma visão transformada sobre tudo e sobre todos. Exige de nós uma postura coerente com o que pregamos e distinta das pessoas que estão imersas no pecado. No entanto, não estamos livres do sofrimento, devendo, contudo, termos uma atitude singular e bíblica para com eles. E o primeiro passo é questionar-se: Eu sofro? Por que estou sofrendo? Meu sofrimento tem causa? Sei lidar com meu sofrimento? Fui realmente injustiçado? Ou melhor, já superei as injustiças e sofrimentos passados?

QUAL O NÍVEL DO MEU SOFRIMENTO?

Sem querer classificar o sofrimento em níveis diferenciados, embora eles existam, quero considerar neste "diagnóstico" todo e qualquer tipo de situação que tenha causado algum tipo de dor. Traição, decepção, uma simples discussão ou uma grave contenda familiar. Uma separação dolorosa ou um simples "fora", tão comum na adolescência. Uma perseguição declarada ou uma simples suspeita de que alguém não gosta de você. Uma grave doença ou o esforço árduo empregado para se conseguir aprovação em um concurso. Seja o que for, aquilo que nos desafia e nos causa dor, por menor que seja, se não for tratado adequadamente, pode trazer prejuízos irremediáveis.

Quando sofremos injustamente, ou por erros próprios, naturalmente decidimos que não nos envolveremos mais em tais situações ou circunstâncias que trouxeram tamanho desgaste emocional, sem contar quando há ainda o prejuízo físico, moral e financeiro. Afirmamos ter aprendido a lição. No entanto, o que costumeiramente acontece é a repetição dos mesmos erros.

Embora as pessoas e os cenários se alterem, parece que sempre perdemos as mesmas lutas e atravessamos o mesmo deserto outra vez. Choramos, brigamos, nos justificamos, reivindicamos o que achamos ser nosso por direito. Ficamos aborrecidos quando alguém chega dizendo que o tempo corrige e sara tudo, ou que a vida é assim mesmo. No fundo, nos sentimos incompreendidos. Concluímos que os bem-intencionados conselheiros nunca passaram por drama semelhante, o que, de certa forma, é verdade, afinal, cada história tem suas peculiaridades e cada pessoa uma forma de reagir ao que lhe acontece.

Renasce em cada um de nós a velha necessidade humana de se sentir especial. Somos tentados a penetrar no profundo vale da mágoa por achar que não há ninguém que considere os nossos problemas realmente importantes, por achar que ninguém se disporia de tempo e disposição para nos ouvir e ajudar. Como reação, alguns de nós passamos a implorar pelas migalhas de atenção e carinho que alguém possa oferecer, no entanto, há outros que, ao se sentirem excluídos, fecham-se ao mundo e a todos, criando uma barreira emocional para tudo aquilo que se constitui probabilidade de futura decepção. Quando sofremos, seja pelo motivo que for, ao nosso ver, ninguém possui capacidade de alcançar a profundidade da nossa dor, daí o sentimento de solidão tão comum a qualquer pessoa que sofre.

Você já deve ter se sentido assim! Ah.... Não lembra? Bem, vejamos.... Talvez eu possa lhe ajudar a refrescar sua memória!

RECORDANDO SOFRIMENTOS

Provavelmente suas emoções foram abaladas quando, no colégio ou já na universidade, você trabalhou pesado, esforçou-se ao máximo, atravessou noites a fio pesquisando e estudando para a apresentação de um seminário, e então outra pessoa levou o crédito em seu lugar. Recebeu sem questionar os aplausos e méritos imerecidos, mesmo tendo plena consciência de que o responsável pelo sucesso do projeto era você. Ao se entristecer com a situação, seus amigos consoladores pareciam ter combinado dizerem a mesma coisa: "*O importante é a sua consciência!*". Ou então: "*O tempo mostrará que você é competente e ele não!*". Mas, naquele momento, isso não bastou. Você queria mais! Desejou receber os aplausos que eram seus por direito, levar o crédito, ser parabenizado e admirado pelos méritos que eram seus!

Ou pode ter sido quando você preparou aquela linda festa surpresa para um amigo que, em seu discurso, não lhe disse sequer um "muito obrigado"! O que aconteceu? Os conselheiros chegaram dizendo: "*O importante é quando a gente faz por amor, sem esperar recompensas!*". Ou então falaram: "*Deus, que vê todas as coisas, te dará em dobro*", e até citam 1Coríntios 13:4-7: "*O amor é sofredor, é benigno, o amor não é invejoso,* o amor não trata com leviandade e não se exalta. *Não se porta com indecência, não busca seus próprios interesses, não se irrita, não suspeita mal, não se alegra com a injustiça, mas regozija-se com a verdade. O amor tudo sofre, tudo crê e tudo padece.".* Você é conhecedor de todas essas verdades, mas quem disse que queria algo demais? Desejou um abraço carinhoso daquele amigo para quem você achava que era especial, e o não reconhecimento do seu esforço, nem de longe, era esperado por você! Um sorriso em agradecimento teria sido o suficiente!

Também pode ter sido naquele dia em que você se fez advogado de um amigo que estava ausente. Ao encontrá-lo, o inesperado aconteceu! Em vez de um aperto de mão amigável ou um sorriso em gratidão, você percebeu que havia raiva e mágoa em seu olhar. Não ficou só nisso.... Sem saber o que de fato tinha acontecido, com palavras duras e ferinas lhe acusou de ser um falso amigo. Por mais que você tenha tentado explicar, e mesmo tendo conhecimento de sua sinceridade, disse que não mais acreditava em sua palavra. Consegue ouvir? O fino cristal da amizade se quebrou. Está em pedaços. Igual as suas emoções. Não consegue entender como aquele amigo em quem confiava e que parecia confiar em você não tenha acreditado em sua palavra.

Inúmeras indagações passaram a fazer parte de sua vida. E os conselheiros de plantão também. Tudo bem.... Poderia até mudar alguma coisa dali para frente, mas nenhuma palavra mudaria o que aconteceu, e isso era o mais triste! Alguns chegaram a dizer: *"Você não devia ter confiado tanto! Eu bem que avisei. Ninguém é amigo de ninguém!"*... Contudo, você olha para si mesmo e pergunta: *"Será que é anormal acreditar em uma amizade sincera e duradoura? Como poderei saber em quem posso confiar? A quem posso contar meus segredos? Estou errado em defender aqueles que amo? Ou será que estou querendo viver algo que só existe em conto de fadas?".* O laço da confiança foi cortado; foi cruelmente rasgado e não importava o fato de seu amigo ter sido enganado. Justamente por ser seu amigo deveria ter acreditado em você. Se ele tivesse confiado em sua amizade, tudo seria diferente...

Lembra-se do sentimento de insignificância e tristeza quando, ao nutrir uma paixão por alguém que, aos seus olhos, era perfeito (a), este alguém desconsiderou seus sentimentos, sorrindo de sua declaração?

Há também a possibilidade de ter sido quando você limpou o quarto, a casa, o escritório ou lavou o carro (sem ninguém mandar!). Talvez isso faça parte da sua obrigação, mas, nesse dia, você não tinha porque fazer. Fez pensando em agradar. Preparou-se para receber os pais ou o chefe que, com certeza, perceberiam satisfeitos seu esforço e lhe diriam: "*Muito bem, merece um abraço! Estou orgulhoso de você. Como você é competente!*". Entretanto, seu esforço passou despercebido. Ao contrário do que você imaginava, sua mãe brigou porque tirou o sofá do lugar. O chefe disse que os livros deveriam ter ficado do jeito que ele havia deixado. Sobre o carro que você lavou.... Seu pai lhe disse que teria sido melhor não ter lavado. Descontaram em você as cargas do dia. Logo em você, que pretendia dar um alívio, uma alegria a eles. Talvez se tivessem ficado calados teria sido bem menos doloroso!

Recorda o desolamento em que ficou quando descobriu que alguém muito querido estava com câncer? Lembra a tristeza de perder os pais? Na hora em que a morte chega para alguém que amamos, logo somos cercados por amigos e parentes. Passam-se os dias, todos retomam suas atividades e você tem que aprender a lidar com o sentimento de perda e solidão. Consegue relembrar o sentimento de fracasso ao ver todos os seus amigos ganharem uma vaga na universidade e você ter que voltar para uma cadeira de cursinho? Quantas vezes olhou com tristeza para seu marido e desejou, quase sem esperanças, que ele a amasse mais? Lembra do sofrimento de ter sido traído por alguém que você ajudou? Ou da falta de apoio a um projeto que você idealizou? O que falar então do sentimento de quem ainda não achou alguém para compartilhar a vida? Prefiro que Jenny fale:

> "Meu pai bebia demais e ainda bebe. Mamãe passou deprimida a maior parte da minha infância, e assim cresci com um vazio no fundo do peito. Queria que alguém me protegesse, me nutrisse, me quisesse por perto. Queria alguém para amar... Minha vida começou a ser outra aos 10 anos de idade, quando eu encontrei Deus e Ele me encontrou. Agora, minha luta incessante é que estou solteira, e na verdade não queria estar. É estranho discutir o celibato, especialmente numa cultura como a da igreja, que está sempre promovendo a família e o casamento. '*Que há de errado com ela?*', pensam as pessoas. '*Será que é gay?*', '*Será que é exigente demais?*', '*Talvez tenha medo de comprometer-se.*', '*Ah, coitada!*'. A Escritura diz: '*O meu Deus suprirá todas as necessidades de vocês, de acordo com as suas gloriosas riquezas em Cristo Jesus*'. Deus e eu temos uma discussão que não acaba nunca a respeito dessa

passagem. No fim das contas, se você não é casada, precisa achar alguém com quem brigar. A briga é assim: '*Deus, se és de fato mais que suficiente, então por que simplesmente não cuida do meu problema?*'. Deus não responde e a luta continua: '*Tudo bem, se realmente és suficiente, por que ser solteira hoje é mais difícil que há doze meses? Por que fica mais difícil e não mais fácil?*'. Deus permanece sem responder e a luta continua. A verdade é que em 49% das vezes Deus não é suficiente. Isso dói. Dói chegar em casa sozinha o tempo todo. Mas em 51% das vezes Deus é suficiente. Especialmente quando confio nos outros membros do corpo de Cristo – e nas famílias amorosas que me adotaram – para preencher o profundo vazio dentro de mim. Enquanto isso, continuo indagando a Deus!".

Fé X Sofrimento

Sabemos que a carne luta contra o espírito, e esses 49% citados pela Jenny são justamente a parte causadora do sofrimento – nossa humanidade lutando contra nossa espiritualidade, a razão combatendo a fé, o sentimentalismo se sobrepondo à realidade eterna. Quem de nós estará livre, enquanto aqui na Terra, de experimentar no dia a dia as doses amargas destes 49% de humanidade que nos causam tanta dor? Nem o apóstolo Paulo esteve isento das angústias desta vil humanidade. Muito pelo contrário! Admitiu que também sofria para fazer o que era certo e ter vitória sobre a carne. Na versão da Nova Tradução na Linguagem de Hoje da Bíblia de Estudo Despertar, o dilema de Paulo, e o de todos nós, é exposto da seguinte forma:

> "*Sabemos que a lei é divina, mas eu sou humano e fraco e fui vendido ao pecado para ser seu escravo. Eu não entendo o que faço, pois não faço o que gostaria de fazer, pelo contrário, faço justamente aquilo que odeio. Se faço o que não quero, isso prova que reconheço que a lei diz o que é certo. E isso mostra que, de fato, já não sou eu quem faz isso, mas o pecado que vive em mim é que faz. Pois eu sei que aquilo que é bom não vive em mim, isto é, na minha natureza humana. Porque, mesmo tendo dentro de mim a vontade de fazer o bem, eu não consigo fazê-lo. Pois não faço o bem que quero, mas justamente o mal que não quero fazer é que eu faço. Mas se faço o que eu não quero, já não sou eu quem faz isso, mas o pecado que vive em mim é que faz. Assim eu sei que o que acontece comigo é isto: quando quero fazer o que é bom, só consigo fazer o que é mau. Dentro de mim eu sei que gosto da lei de Deus. Mas vejo uma lei diferente*

> *agindo naquilo que faço, uma lei que luta contra aquela que a minha mente aprova. Ela me torna prisioneiro da lei do pecado que age no meu corpo. Como sou infeliz! Quem me livrará deste corpo que me leva para a morte? Que Deus seja louvado, pois Ele fará isso por meio do nosso Senhor Jesus Cristo! Portanto, esta é a minha situação: No meu pensamento eu sirvo a lei de Deus, mas na prática sirvo a lei do pecado"* (Romanos 7:14-25).

Ou seja, sabemos que Deus é bom, advoga nossas causas e se importa conosco. Pela lei divina, sabemos que não deveríamos nos preocupar ou sofrer por qualquer coisa que seja, mas ainda age em nós a lei do pecado, que, contra o que a nossa mente sabe e acredita, nos deixa desesperados diante de determinadas situações. A lei do pecado é que desperta em nós o sofrimento, mesmo quando sabemos, pela fé, que podemos confiar em Deus. Sofrer é da natureza humana.

Sim! Eu Sofro!

Suponho que agora você esteja apto para responder minhas primeiras perguntas. E então? Conseguiu se identificar com algum dos exemplos citados? Já passou por alguma experiência parecida? Na verdade, duvido muito que alguém possa dizer que nunca tenha sofrido. Não poderia estar escrevendo sobre o tema se eu mesma não fosse capaz de admitir meu próprio sofrer.

Dor é o tipo de sentimento que não se compara e nem se pode medir. Entendo a existência de dores e dificuldades maiores que as minhas, mas essa compreensão não tornou meu vale particular menos escuro e nem minha dor menos intensa. Não vou negar que foi doloroso. Não tenho razões para fingir que fui forte quando, na verdade, só tive forças para chorar. Não vou mentir que tirei cada situação de letra, administrando as adversidades com sabedoria, quando por vezes me deixei dominar pelo desespero e vencer pelo desânimo. Mas, olhando em retrospectiva, reconheço a utilidade de ter atravessado cada nuvem carregada e escalado cada uma das montanhas da caminhada. Se direcionarmos nosso olhar para quem não perde o controle da situação, entendemos que nenhum sofrimento existe para nossa destruição.

Cada experiência traz em si a capacidade de promover o amadurecimento das emoções. O sofrimento muda nossa forma de sentir as águas amargas da vida. Claro, elas continuam sendo amargas, mas agora tem-se a certeza de que elas preparam o caminho, levando excessos e tudo o que é supérfluo para as águas claras e doces da vida. Particularmente, digo: por maior que tenha sido a dor, quer saber de uma coisa? Sobrevivi! Sim, creia nisso! Podemos passar por situações difíceis, sobreviver e ainda ajudar a outros que estão lutando para isso.

Identificada a existência do sofrimento, seja ele qual for, demos o primeiro passo na tentativa de sabermos conviver com ele, sem sermos por ele dominados. Mas certo é que, se não há uma razão lógica para explicar os fatos, há uma razão soberana, que só Deus tem conhecimento. Se o que lhe causa dor simplesmente não tem motivos claros e aparentes, e você não pode fazer nada a respeito disso, confie que um dia Ele revelará o motivo para cada provação. Mas, acredite: você não nasceu para ser dominado pelo sofrimento. Deus criou você com estrutura para suportar a dor! Você é a obra mais perfeita do Criador!

Eu sofro? Sim! Mas não preciso e nem quero ser dominado pelo sofrimento, afinal, em 51% de tudo em minha vida, Deus é suficiente para mim!

Capítulo 4

O Fim Onde Tudo Começa

> "Sabemos que todas as coisas cooperam para o bem daqueles que amam a Deus, daqueles que são chamados segundo o seu propósito"
>
> Romanos 8.28

Primeira semana de setembro de 2001. Fazia poucos dias que eu havia recebido dois maravilhosos presentes: o batismo com o Espírito Santo e a cura de um problema que afetou seriamente minhas cordas vocais, pois, até então, eu já não dava mais conta de cantar nenhuma música inteira sem ficar rouca, com gosto de sangue na boca e extremamente cansada. Deveria, com o que recebi de Deus, ser, a partir de então, a mais grata das servas, a mais disposta, paciente e amorosa. Pelo valor e importância dos presentes recebidos, deveria, como gratidão, ser capaz de sofrer qualquer coisa, enfrentando com perseverança e gozo na alma qualquer situação que me sobreviesse. Racionalmente, logicamente era para ter sido assim. Porém, não foi bem isso o que aconteceu!

Lágrimas, discussões, mágoas, uma postura infantil e descontrolada marcaram, nessa primeira semana de setembro de 2001, minha saída do coral em que, além de cantar, ocupara um cargo de liderança durante quatro anos. Deixei para trás a liderança de um grupo que, na minha percepção, me pertencia. Eu havia fundado. O nome fora uma sugestão minha. Não faltava aos ensaios e quase nunca atrasava. Esforcei-me ao máximo para a aquisição da primeira farda. Virava noites elaborando formas de aperfeiçoar as apresentações e maneiras de cantar. Orava pelo progresso espiritual do grupo. Não fugia de problemas e me colocava à frente de qualquer situação para resolvê-la. Por ser bem mais nova que a maioria dos integrantes do coral (fui líder dos 13 aos 16 anos), enfrentei o descrédito de alguns.

Depois de quatro anos saltando barreiras e de lindas apresentações, depois de tantos sacrifícios e experiências vividas com o grupo eu iria abandonar o coral que tanto amava? Não só iria, como realmente o fiz. E a sensação foi a de nadar, nadar, nadar e morrer na praia. Sabia a algum tempo que era o melhor a fazer, mas não daquela forma. Não foi daquele jeito que imaginei minha saída do grupo. Sentia-me decepcionando o coração do próprio Deus, logo depois de ter recebido de forma incontestável duas grandes bênçãos.

Fui fraca, passional, impaciente e nada perseverante. Fui reprovada no primeiro teste. Embora tivesse uma parcela de razão, reconheci que minha reação nada espiritual à situação é que provocou uma série de consequências que me fizeram sofrer mais ainda. Perguntava a Deus: *"Por que estou passando por tudo isso?"*, *"Por que as pessoas não enxergam a verdade e ficam do meu lado?"*, *"Por que não consegui me controlar e estraguei tudo?"*, *"Eu não mereço isso, não é justo!"*. Foi uma semana difícil, cheia de lágrimas.

A Experiência

Certo dia, ainda sofrendo por causa da situação, chorando sentada na escada, meu avô, Pr. Nestor H. Mesquita, disse algo que me tocou profundamente. Não sei se exatamente com essas palavras, mas foi mais ou menos assim: "*Minha filha, Moisés, Elias e o próprio Jesus, todos eles foram para o deserto logo após terem recebido grandes bênçãos*". E ali estava eu: no deserto, sendo provada, confrontada, moldada por Deus e não tinha me dado conta disso ainda.

Em plena sala de aula, de cabeça baixa e alheia às explicações do professor de química, sendo consumida pela dor e pela culpa, comecei a refletir sobre as palavras de meu sábio avô. Ali mesmo, orei: "*Senhor, perdoa minhas fraquezas. Não consigo imaginar como é que vais usar uma pessoa tão cheia de defeitos na tua obra, mas sabes que eu Te amo e como desejo ser útil para Ti. Sei que és soberano e perfeito. Perdoa-me, e só ouso Te pedir apenas uma coisa: não retires o Teu Espírito de mim. Se tenho que passar pelo deserto para ser transformada, ajuda-me a ser forte. Dá-me forças, Senhor! Ajuda-me!*".

Cansada de chorar, adormeci breves minutos. Despertei diante de algo inesperado. Deus respondeu minha oração de um jeito surpreendente. Em minha mente surgiu uma melodia acompanhada de uma mensagem. Pensei de início ser alguma música que eu já teria ouvido. Porém, percebi que não se tratava de algo que já existisse, e sim de uma música totalmente nova para mim. Entendi que o Espírito Santo estava me concedendo inspiração para compor um hino que, na verdade, era o conforto divino pelo qual eu estava clamando.

Peguei papel, caneta e comecei a escrever. Em aproximadamente 10 minutos a canção estava pronta, e eu mal conseguia acreditar no que estava acontecendo. Para quem é músico e compõe de forma natural, isso pode parecer bastante simplório.

Mas, para mim, era e continua sendo um acontecimento extraordinário e sobrenatural, considerando que não toco nenhum instrumento. É certo que desde criança tive contato com a música e me desenvolvi na área do canto, porém, já tinha tentado diversas vezes compor, sem lograr êxito algum. Apesar dos meus esforços, nunca saía nada. Quando chegava ao final da estrofe, já tinha esquecido como se cantava o início.

Este momento particular da minha vida era definitivamente um período onde eu não me achava no direito de receber qualquer coisa de Deus, afinal, eu havia considerado muito mais a obra do que o dono da obra. No entanto, justamente neste momento singular e "reprovável", recebi outra intervenção divina que, maravilhada, chamo de milagre! Deus poderia ter tomado de mim o que havia me dado, e tinha todo esse direito! Poderia ficar calado e deixar que eu saísse do deserto por mim mesma, mas, não! Quando pensei estar tudo acabado (sim, porque na adolescência não temos percepções a longo prazo) e que Deus não mais me usaria para fazer Sua obra, justamente onde eu pensava ser o fim, maravilhosamente Ele surpreendeu-me, fazendo algo inesperado: presenteou-me com mais um precioso dom... O dom de compor!

"Toda boa dádiva e todo dom perfeito são lá do alto, descendo do Pai das luzes, em quem não pode existir variação ou sombra de mudança" (Tiago 1:17).

Com esta boa dádiva recebida do Senhor, confirmou-se em minha vida não só o ministério na área do louvor e adoração, mas também a mudança de percurso, onde os primeiros passos em um novo caminho estavam sendo dados. Foi o fim, sim, o fim de uma preparação e o início de uma nova experiência. A música recebeu o título de *Desertos* e foi a primeira de muitas que, pela graça de Deus, tenho escrito ao longo destes anos.

Percebendo com Clareza a Situação

Eu ainda era adolescente e reconheço que não tinha maturação suficiente para lidar com certas situações. Alguns hão de considerar a experiência relatada como simplória e de pouco peso na balança do sofrimento, mas na época, sentia como se a dor estivesse me consumindo. É necessário entender que, se nesse período da vida não aprendermos sobre resiliência, desenvolvendo a capacidade de nos refazermos diante dos golpes duros recebidos, ficaremos estagnados e provavelmente problemáticos durante toda a nossa vida adulta. Logo depois da tempestade, fui capaz de perceber algumas coisas.

Lembra do que disse sobre minha posição no coral? Que eu fazia isso, aquilo e tudo mais? Pois era exatamente aí onde se situava o problema: o meu eu estava na frente de tudo. Como disse anteriormente, o trabalho e o ocupar-se haviam se tornado mais importantes do que o próprio Deus. Como Marta, estava cansada e irritada por pensar que tudo dependia de mim.

Hoje, sei que Deus permite determinados sofrimentos para que possamos entender essa verdade, como o que sobreveio a Ben Patterson, então capelão na Westmont College, Califórnia. Sendo ele um homem bastante ocupado, teve suas atividades paralisadas quando rompeu uma articulação e precisou ficar seis semanas de repouso total. Totalmente incapacitado até mesmo para ler, "por puro desespero", como ele mesmo diz, resolveu orar. Já em fase de recuperação, Ben descreveu o que aprendeu com o sofrimento repentino e aparentemente sem causa:

> *"Um dia, perto do fim da convalescença, eu estava orando e disse ao Senhor: 'Sabe, foram maravilhosos estes dias prolongados que passamos juntos. É uma pena que eu não tenha tempo para isso quando estou bem de saúde'. A resposta de Deus veio rápida e cortante. Disse-me Ele: 'Ben, quando está com saúde você tem exatamente o mesmo tempo que tem quando está doente. São as mesmas*

24 horas nos dois casos. O problema é que quando está bem, você pensa que é o encarregado. Quando está doente, você percebe que não é'''.

Algo parecido sucedeu-se na vida do Pr. Joedson Costa, quando uma laje caiu sobre ele em um momento de intensa atividade. Além da família e da grande igreja que pastoreia, havia também os convites para pregar que precisavam ser conciliados com suas atividades como secretário da SENAMI, Secretaria Nacional de Missões das Assembleias de Deus. Depois de muitos dias internado, assim como Ben, também conseguiu enxergar um propósito para todo aquele sofrimento. Ouvi seu relato em um simpósio de missões em Teresina, alguns meses após o acidente:

> *"Passei muitos dias deitado naquela cama de hospital e tive que suportar dores terríveis, mas em nenhum daqueles dias Deus deixou de falar comigo. Certa vez, ouvi o Senhor dizendo: 'Meu filho, permiti tudo isso porque Eu quero falar com você!'. E eu respondi: 'Mas, Senhor, eu falo contigo todos os dias, ali ao lado da minha cama'. Porém, a resposta de Deus foi a seguinte: 'Seu tolo, ali você não conversa mais comigo. Ali, você constrói igrejas, compra cadeiras, elabora novos projetos e formas de adquirir recursos e bens para a igreja. Nunca mais você conversou comigo. Eu cuido de tudo. Eu te chamei para pastorear, para cuidar do meu rebanho. Faça aquilo que te chamei para fazer!'".*

Quando queremos assumir o controle de tudo, ao invés de descansar mais e confiar na provisão do Senhor, corremos o sério risco de desembocarmos em algum tipo de sofrimento, a fim de que nossa atenção se volte para a real razão do que fazemos. A meu ver, tinha sido injustiçada. Realmente sofri, e não há mal algum nisso. A questão é que sofri pelos motivos errados, e depois de minha renúncia impulsiva e desastrosa, passei a sofrer muito mais do que deveria, pois, a partir de então, tive que enfrentar as consequências de uma atitude minha, e não poderia culpar ninguém pelo que fiz ou disse.

Aprendi nessa situação que nem tudo depende de mim. A origem de tudo é Ele. Meus esforços podem até serem válidos, mas de nada servem se Ele não estiver no controle de todas as coisas, garantido, ao fim, o próprio fôlego de vida para que os demais planos se concretizem.

Pude ver, de maneira clara e concreta, que Deus não é como o homem.

Sabemos disso, mas agimos como se Deus fosse guiado por sentimentos como os nossos. Uma pessoa comum, em Seu lugar, pediria de volta os presentes concedidos. Ele não! Nós seríamos tentados a deixar tal pessoa fora da lista daqueles que consideramos dignos de serem nossos amigos. Nós, sim... Ele, não!

Nunca pedi especificamente o dom para compor. Sempre achei ser este um privilégio dos que tocam algum instrumento. Mas Deus ama fazer coisas inesperadas. Ele tem poder pra fazer o que quer, como quer e com quem quiser. Nunca pedi, mas Ele sabia que eu precisava. Socorreu-me, não das maneiras que eu achava que me socorreria. Não veio ao meu encontro pelos caminhos conhecidos ou imaginados. Deus sempre tem algo novo e especial para aqueles que O amam! Por Sua graça e misericórdia, hoje tudo está claro para mim.

SOFRIMENTO QUE CAUSA MUDANÇA DE VISÃO

Deus conhece o profundo e oculto aos nossos olhos e sentidos. Ele é Onisciente e está acima do tempo e do espaço. Conhece tudo e todos. Ele é Fiel e zela por Sua Palavra. Sabe como realizar Seus divinos e santos propósitos, mesmo tendo que contar com servos tão falhos e inconstantes.

É claro que no pecado está a origem de todo o sofrimento desde os primórdios da humanidade. Porém, de forma mais específica, Deus pode utilizar determinados sofrimentos para nos ensinar preciosas lições, como também atrair nossa visão para o que realmente vale a pena. Não significa que seja um caminho fácil, por isso mesmo estamos falando de sofrimento. Em minha experiência particular, aprendi que tudo deve ser feito para a glória do nome dEle, que é sobre o meu, o seu ou sobre qualquer outro nome no Universo.

Quando realizamos a obra do Senhor, a obra é dEle e somente Ele deve ser o nosso alvo. Nosso desejo maior deve ser o de agradá-Lo, pois se assim fizermos, temos a glória de por Ele sermos aceitos, e não há maior glória do que ser aceito, apoiado, consolado, incentivado e amado pelo próprio Deus.

E não se trata de alimentar o ego de um deus vaidoso, mas, sim, de reconhecer a real condição humana de dependência, e acertadamente apreciar Aquele que é o verdadeiro responsável por manter a ordem do universo, tirando dos nossos ombros as cargas que não podemos suportar.

Trabalhar pelo reconhecimento e louvores humanos, extremamente incertos e passageiros aos nossos esforços, é correr o sério e previsível risco de amargar uma decepção, pois nem sempre eles virão. Jesus disse: *"Guardai-vos de exercer a vossa justiça diante dos homens, com o fim de serdes vistos por eles; doutra sorte, não tereis galardão do vosso Pai celeste"* (Mateus 6:1). A ordem de Jesus é clara: guardarmo-nos de tal ambição, pois quem espera glória terrena vive em constante estado de sofrimento e ansiedade. Sofre, porque o ego nunca é totalmente alimentado.

Guardemos nossa salvação e emoções também, matando o desejo de buscar aquilo que não permanece. Devemos encher a mente com a palavra de Deus, e não nossos olhos com a glória deste mundo. Que visão turva tem quem não vê além dessa vida passageira e troca a glória eterna pelos aplausos que aqui mesmo se findam! Ah, Senhor! *"Peço-te que lhes abram os olhos para que vejam"* (2 Reis. 6:17a (plural meu)).

Devemos procurar exercer nossa justiça diante de Deus, e ter consciência de que a glória que nos está reservada é sobremaneira maior e melhor que a glória e o reconhecimento humanos. Assim diz Paulo sobre o assunto: *"Porque a nossa glória é esta: o testemunho da nossa consciência, de que com santidade e sinceridade de Deus, não com sabedoria humana, mas, na graça divina, temos vivido no mundo e mais especialmente para convosco"* (2 Coríntios 1:12).

Atente para as preciosas lições contidas neste versículo:

Lição 1. Somos cônscios de como temos vivido e do que temos feito. Isso já é considerado um bom motivo para termos paz e alegria. A consciência daquele que é habitado pelo Espírito Santo é guiada por Este, e se há algo de errado, ela mesma o acusa. Se tudo está certo, sendo feito de maneira justa e sincera, ela o justifica. Mas não é só isso. Deus também tem profundo conhecimento de quem você é, como tem vivido e de tudo o que tem feito, sendo que temos imensa alegria em nós por sabermos que é fiel a palavra que diz: *"Portanto, meus amados irmãos, sede firmes, inabaláveis e sempre abundantes na obra do Senhor, sabendo que, no Senhor, o vosso trabalho não é vão"* (1 Coríntios 15:58).

Lição 2. Não vivemos guiados por regras deste mundo natural. Quando aceitamos a Jesus e Seu Espírito passou a habitar em nós, fomos libertos do jugo do pecado e, desde então, somos guiados pelo amor de Deus que nos conduz à vida eterna. Vivemos não mais como filhos da perdição, mas como sinceros filhos de Deus. É nessa sinceridade divina, e não na sabedoria humana, que devemos colocar nossas emoções. O mundo oferece um tipo de glória que satisfaz o ego e à carne, mas, como está escrito em Romanos 8:18: *"Porque para mim tenho por certo que os sofrimentos do tempo presente (como também a glória, as riquezas, o poder e tudo o que este mundo oferece) não podem ser comparados com a glória a ser revelada em nós"* (parêntese meu). Aleluia! Não só receberemos a glória do Pai, mas em nós mesmos ela se fará presente! Há como comparar tamanha glória eterna com breves palavras lisonjeiras, que muitas vezes não são nada sinceras? O mundo nos ama pelo que temos. Deus nos ama pelo que somos! Ele escolheu nos amar sem razões para isso. Simplesmente amou.... Então, não se deixe vencer por ilusões de um mundo decaído, mas viva em novidade de vida! Que sejamos capazes de dizer para nós mesmos todos os dias: *"Já não sou eu quem vive, mas Cristo vive em mim; e esse viver que, agora, tenho na carne, vivo pela fé no Filho de Deus, que me amou e a si mesmo se entregou por mim"* (Gálatas 2:20).

Lição 3. Fomos transformados e vivemos uma vida nova e diferente, mas continuamos no mundo e fazendo parte de uma sociedade que, em sua maioria, está voltada contra Deus e, consequentemente, contra aqueles que são Seus servos. As injustiças continuam e nossas limitações também. As críticas e as línguas perversas não se mudaram para outro planeta. A carne segue suscetível ao pecado. As dificuldades permanecem. As pedras e espinhos não foram retirados do caminho. Os vales continuam profundos e as tempestades não são impedidas de balançarem o barco. O vento continua a soprar e as negras nuvens, vez ou outra, cobrem o brilho do sol. Só há uma coisa que muda nisso tudo: você!

Felicidade: o propósito de Deus para o Homem?

O seu coração, o seu interior, suas emoções e sua visão sobre todos esses percalços são radicalmente modificados. Na terra sempre haverá situações que causam dor... Um parente que morreu, um amigo que se acidentou, uma pessoa querida que ainda não aceitou a Jesus, uma crise financeira, uma traição, um plano que não deu certo ou um sonho que não se concretizou. Mas, isso não significa que Deus não nos ama e que se esqueceu de nós. Jesus disse: *"No mundo tereis aflições; mas tende bom ânimo; Eu venci o mundo"* (João 16:33).

Ao contrário do que muitos pensam e pregam, o principal propósito de Deus para o homem na terra não é a felicidade sem dor e dificuldades. Ele anseia, sim, em Seu propósito final, ver o homem feliz eternamente. Para isso Deus nos criou. Mas, depois do pecado ter entrado no mundo, só há um jeito de alcançarmos essa tão desejada felicidade plena: através da santificação! Esse é o propósito maior de Deus para o homem na terra, pois *"sem santidade, ninguém verá a Deus"* (Hebreus 12:14).

Só teremos felicidade plena quando nossa comunhão com o Criador for totalmente restabelecida, e isso se dará quando nossos corpos forem transformados à sua semelhança, após termos passado por este mundo, aprovados, para então recebermos a coroa da vida. Enquanto isso não é consumado, Deus vai nos concedendo vestígios dessa felicidade: gozo, paz e alegria, mesmo quando passamos por tantas tribulações.

Não somos fortes em nós mesmos. A presença do Espírito Santo é o que nos faz dormir em meio à tempestade e atravessar os vales olhando para os montes, de onde vem o nosso socorro. O homem que entrega sua vida a Deus não se isenta da dor, mas ora quando as negras nuvens querem matar sua esperança; perdoa em oração aquele que o afronta; abençoa os que lhe perseguem e abraça a Jesus quando o vento forte da adversidade o quer fazer cair.

Eu e você podemos até não acertar muitas vezes. Podemos cair em desânimo e falta de coragem para permanecer em pé, mas sabemos o que deve ser feito e como devemos agir. Então, quando falhar, admita o erro, levante-se e tente outra vez, afinal, a cada dia que seus olhos se abrem é uma nova chance que o Pai Celeste concede para recomeçar e, com certeza, quando não conseguirmos andar sozinhos, Ele há de nos carregar. Deus se compadece de nós e compreende nossas fraquezas. Austin Farrer expõe de forma clara a realidade dos fatos:

> *"Um cristão que conhecesse seu coração poderia orar mais ou menos assim: meu Deus, gostaria de Lhe dar o presente que tanto desejas; gostaria de entregar-me a Ti de uma vez por todas, de modo que não houvesse nenhuma retomada. Não consigo entregar-me em Tuas mãos, meu Deus, não consigo. Mas, mesmo assim, posso colocar-me em Tuas mãos; pois, embora eu não possa manter-me ali, Teus dedos ali podem me segurar; Teus fortes e delicados dedos sempre sustentando e nunca soltando; Teus sábios, sutis dedos lutando tão suavemente*

contra minhas rebeliões para que eu me canse de tentar sair de Tuas mãos e acabe descansando finalmente naquelas Tuas palmas feridas.".

Pedindo ao Senhor Que Nos Aprove

Deus está no controle de tudo. O profundo e o oculto são áreas que só os olhos do Senhor podem alcançar. Sempre há um divino propósito para as lutas que achamos não ter razões para acontecerem. Se pudéssemos escolher, teríamos uma vida sem lutas. Mas devemos ter em mente que há caminhos que aos nossos olhos parecem bons e justos, mas não são, por isso a oração de Davi, no Salmo 139, se faz muito necessária para todos que desejam a realização do propósito de Deus em suas vidas. Nossa visão precisa ser mudada? As prioridades de um cristão estão de fato em primeiro lugar em nossas vidas? Tenho honrado realmente o Senhor como Deus ou tenho tentando tomar a direção de tudo?

Vamos permitir que as palavras de Davi examinem nossos corações e lavem nossa alma, e que através dessa sincera, profunda e linda oração possamos entregar a direção das nossas vidas Àquele que é ilimitado e soberano para recompensar a cada um segundo a pureza do seu coração.

"Senhor, tu me sondas e me conheces.

Sabes quando me assento e quando me levanto; de longe penetras os meus pensamentos.

Esquadrinhas o meu andar e o meu deitar e conheces todos os meus caminhos.

Ainda a palavra não me chegou à boca, e tu, Senhor, já a conheces toda.

Tu me cercas por trás e por diante e sobre mim pões a mão. Teu conhecimento é maravilhoso demais para mim: é sobremodo elevado, não o posso atingir.

Para onde me ausentarei do teu Espírito? Para onde fugirei da tua face?

Se subo aos céus, lá estás; se faço a minha cama no mais profundo abismo, lá estás também; se tomo as asas da alvorada e me detenho nos confins dos mares, ainda lá tua mão haverá de me guiar, e a tua destra me susterá!

Se eu digo: as trevas com efeito me encobrirão, e a luz ao redor de mim se fará noite, até as próprias trevas não te serão escuras: as trevas e a luz são a mesma coisa.

Pois tu formaste o meu interior, tu me teceste no seio de minha mãe.

Graças te dou, visto que por modo assombrosamente maravilhoso me formates;

as tuas obras são admiráveis, e a minha alma o sabe muito bem; os meus ossos não te foram encobertos, quando no oculto fui formado e entretecido como nas profundezas da terra.

Os teus olhos me viram a substância ainda informe, e no teu livro foram escritos todos os meus dias, cada um deles escrito e determinado, quando nenhum deles havia ainda. Quão preciosos para mim, ó Deus, são os teus pensamentos!

E como é grande a soma deles!

Se os contasse, excedem os grãos de areia; contaria, contaria, sem jamais chegar ao fim.

"Sonda-me ó Deus, e conhece o meu coração, prova-me e conhece os meus pensamentos; vê se há em mim algum caminho mau e guia-me pelo caminho eterno." (Salmos 139:1-18, 23, 24).

Quando não conseguir mais avistar o horizonte e sua compreensão dos fatos cessar; quando suas forças acabarem e estiver no fundo do poço, lembre-se: é justamente nesse fim que o Espírito Santo traz à memória a verdade sobre a eternidade ao seu coração. Quando nos sentimos desorientados, Deus, em Sua divina sabedoria, dirige nossos passos em caminhos mais elevados e profundos do que os que havíamos planejado andar. Cessando suas forças, abre-se uma oportunidade para a grande demonstração do poder de Deus. Se estiver no fundo do poço, não tendo mais para onde ir nem tendo pra onde olhar, só lhe restará levantar a cabeça e gritar pelo socorro que vem do alto. Sua visão será levada pelas circunstâncias ao lugar certo. Não se desespere quando estiver no fundo do poço... Pense que é o melhor lugar onde você pode estar, pois lá é o fim... O fim onde tudo começa!

"Não consigo entender esta nossa vida. Mas compreendo menos ainda como as pessoas com problemas, perdas e aflições podem fugir mal-humoradas de sua fé cristã. Em nome de Deus, fugir para onde? Já não perdemos o suficiente para perdermos mais isso?"
Arthur John Gossip

Capítulo 5

Silêncio! É prova!

"Aguardava eu o bem, e eis que me veio o mal; esperava a luz, veio-me a escuridão. O meu íntimo se agita sem cessar; e dias de aflição me sobrevêm. Ando de luto, sem a luz do sol; levanto-me na congregação e clamo por socorro. Sou irmão dos chacais e companheiro de avestruzes. Enegrecida se me cai a pele, e os meus ossos queimam em febre. Por isso a minha harpa se me tornou em prantos de luto, e a minha flauta, em voz dos que choram"
Jó 30:26-31

Não estamos preparados para a ingratidão, e o pior é que ela sempre parece se renovar na arte de provocar dor. Para o indivíduo ingrato, a definição do Dicionário Aurélio da Língua Portuguesa, é a seguinte: "**Ingrato.** *Adj. 1. Que não é grato, que não reconhece os benefícios que recebeu, desagradecido. 2. Fig. Estéril, infecundo, improdutivo. 3. Não aprazível; desagradável; molesto. S.m 4. Indivíduo desagradecido*". Portanto, no mesmo dicionário, ingratidão se define como: "**Ingratidão.** *Qualidade ou ação de ingrato, falta de gratidão*".

A ingratidão nos faz questionar a justiça, como também revela muito da nossa natureza e do real propósito de nossas ações. Embora não seja uma atitude merecedora de louvor, quando se manifesta, pode servir como um poderoso incentivo para a reflexão quanto às nossas intenções ao beneficiarmos qualquer pessoa que seja. A ingratidão dói. Embora possamos aprender a conviver com ela, não conheço quem tenha aprendido a ser totalmente indiferente à sua ação. Nós, como servos de Deus, somos exortados a exercer gratidão em todas as circunstâncias, até mesmo quando somos alvo da ingratidão.

Preparados Para a Ingratidão?

Embora desconfie da resposta, ainda assim gostaria de arriscar um questionamento: Será que há, entre os leitores deste livro, alguém que esteja preparado para receber sem dor e sem mágoas a malfadada ingratidão? Alguém consegue realizar o bem já esperando o mal? Há disposição em ajudar alguém financeiramente, mesmo sabendo que em futura necessidade o beneficiado fará pouco caso da situação? Prosseguindo... Quem acolhe na própria casa, trata como se fosse da família alguém que já se sabe, antecipadamente, levantará calúnias e falso testemunho, promovendo discórdia entre aqueles que você ama?

Vamos adiante... Retiraria da casa de adoção uma criança para amar como filho, esperando enfrentar a dor do abandono depois de anos de sacrifícios para criá-lo? Ensinaria tudo o que sabe de sua profissão a um novato, mesmo sabendo que o mesmo planeja puxar seu tapete e ocupar o lugar que é seu? Que tal dividir a vida e dedicar-se a alguém que na enfermidade o abandonará? Mais uma pergunta... Você entregaria seu filho amado e inocente em favor de pessoas ingratas? Como? Fale mais alto! Não estou conseguindo lhe ouvir. Ah, sim... Sua resposta é não? É.... acho que nem você e nem eu estamos preparados para situações assim.

Quando acolhemos, cuidamos, ajudamos ou amamos, o fazemos porque, naturalmente, até mesmo de forma inconsciente, esperamos ser acolhidos, amparados, ajudados e amados. Como é bom saber que a Divindade não é limitada por sentimentos como os nossos. O Pai conhecia a dureza do coração de Seu povo. Sabia que Seu Filho seria cruelmente crucificado. Não dá para imaginar o Pai olhando Seu único e precioso Filho carregando aquela cruz sem comover-se com Suas lágrimas por tamanha ingratidão de um povo que não reconhecia tão maravilhosa salvação.

O que segurou a poderosa intervenção de Deus para livrar Jesus do calvário? Certamente Ele tinha um bom motivo para voltar e livrar Seu Filho daquela angustiante situação: nossa pura e crua ingratidão! No entanto, por mais dolorosa que ela fosse ao coração de Deus, há algo que a transcende infinitamente: Seu infinito, ilimitado, inexplicável e eterno amor.

Ele sabia que poderia ser assim. Diferentemente de nós, já esperava essa reação de muitos. Sabia dos riscos. Mas lutou por nós! Deu-nos um voto de credibilidade. Amou a todos sem distinção e nos trouxe a esperança de termos nossa comunhão restaurada com Ele.

Não tente comparar o amor de Deus com seus sentimentos tão

inconstantes. Não tente racionalizar como Ele pôde suportar isso. É o amor ágape, originado no próprio Deus. É o próprio Deus manifesto. Como diz Walter Brunelli: *"O ágape é qualidade essencial do coração de Deus."*. E, acredite: por um só homem que fosse, Ele teria feito o mesmo!

Apesar de muitos encherem o peito para dizerem que realizam boas ações sem esperar nenhum tipo de agradecimento ou retorno, quando isso não acontece, a decepção é evidente não só nas palavras ditas, como também nas atitudes dali por diante. O semblante triste e o tom de voz contorcido de mágoa denunciam o coração que amargou uma ingratidão. Podem até manter o controle, mas a tendência é a de guardar um feixe de decepção e mágoa, que sempre vem à tona quando o ingrato aparece ou é mencionado. Quer um exemplo?

Digamos que você já tenha passado por uma dessas situações citadas. Outra pessoa chega dizendo que "fulano de tal", aquele que lhe apunhalou pelas costas, é bom, sincero e simpático, uma ótima pessoa! Você pode até ficar calado, mas não consegue impedir a erupção de pensamentos: *"Esse coitado não sabe com quem está se metendo! Ótima pessoa? Aquele lá é um ingrato, isso sim!"*. Uma pessoa mais descontrolada não se aguenta e fala: *"Rapaz, sai dessa! Aquele lá é um falso! Ele fez assim e assim comigo! Vigia!"*. Isso acontece muito, e você sabe disso! Já deve ter sido, como eu, testemunha de muitas situações semelhantes. Talvez, não muito diferente de mim, em algum momento tenha falado desse jeito também.

A ingratidão nos marca como ferro em brasa. A tristeza do não reconhecimento sempre acha um lugar na alma para se alojar. Quem realiza uma boa ação não fica elaborando maneiras de como lidar com a ingratidão já prevista. Espera-se, humanos como somos, que a benfeitoria pelo menos não seja criticada, e ansiamos no íntimo vê-la aceita e reconhecida por, no mínimo, aqueles que foram por ela alcançados. Não podemos dizer muita coisa sobre como mudar essa realidade que sempre existiu e que tende a se fortalecer no seio de uma sociedade cada vez mais competitiva. Mas podemos aprender algumas lições com Jó.

Sofrimento Que Nos Capacita Para um Novo Estágio

A ingratidão sempre nos pega desprevenidos, sem nenhum aviso prévio. Ninguém merece a ingratidão. Como já vimos, há determinados sofrimentos que não vemos neles propósito algum. Muitas vezes não encontramos razão imediata para determinada provação que, no entanto, possui uma causa espiritual para existir. Há certos acontecimentos que parecem contradizer a justiça divina. Não raro, questionamos se vale a pena ser justo, honesto e bom. O salmista, perplexo com o que via, orava ao Senhor:

> *"Na verdade, Deus é bom para o povo de Israel, Ele é bom para aqueles que têm o coração puro.*
>
> *Porém, quando vi que tudo ia bem para os orgulhosos e os maus, quase perdi a confiança em Deus, porque fiquei com inveja deles.*
>
> *Os maus não sofrem; eles são fortes e cheios de saúde. Eles não sofrem como os outros sofrem, nem têm as aflições que os outros têm.*
>
> *Por isso, usam o orgulho como se fosse um colar e a violência, como uma capa. O coração deles está cheio de maldade, e a mente deles só vive fazendo planos perversos.*
>
> *Eles gostam de caçoar e só falam de coisas más. São orgulhosos e fazem planos para explorar os outros. Falam mal de Deus, que está no céu e com orgulho dão ordens às pessoas aqui na terra.*
>
> *Assim o povo de Deus vai atrás deles e crê no que eles dizem. Eles afirmam: "Deus não vai saber disto; o Altíssimo não descobrirá nada!".*
>
> *Os maus são assim: eles têm muito e ficam cada vez mais ricos.*
>
> *Parece que não adiantou nada eu me conservar puro e ter as mãos limpas de pecado. Pois, de contínuo, sou afligido e cada manhã, castigado.*
>
> *Se eu tivesse falado com os maus, teria traído o teu povo. Então eu me esforcei para entender estas coisas, mas isso era difícil demais para mim.*
>
> *Porém, quando fui ao teu templo, entendi o que acontecerá no fim com os maus. Tu os pões em lugares onde eles escorregam e fazes com que caiam mortos.*
>
> *Eles são destruídos num momento e têm um fim horrível. Quando te levantas, Senhor, tu não lembras dos maus, pois eles são como um sonho que a gente esquece quando acorda de manhã.*
>
> *O meu coração estava cheio de amargura, e eu fiquei revoltado. Eu não podia compreender, ó Deus; era como um animal, sem entendimento.*
>
> *No entanto, estou sempre contigo, e Tu me seguras pela mão. Tu me guias com os teus conselhos e no fim me receberás com honras.*

No céu eu só tenho a Ti. E, se tenho a ti, que mais poderia querer na terra? Ainda que a minha mente e o meu corpo enfraqueçam, Deus é a minha força. Ele é tudo o que sempre preciso.

Os que se afastam de ti certamente morrerão, e Tu destruirás os que são infiéis a ti. Mas, quanto a mim, como é bom estar perto de Deus! Faço do Senhor Deus o meu refúgio e anuncio tudo o que Ele tem feito." (Salmo 73).

É impossível evitar os questionamentos diante das desigualdades e injustiças que contemplamos todos os dias. Sabemos que um dia Deus saciará todo aquele que tem sede de justiça, mas, enquanto isso não acontece, sofremos!

Por ser reto e justo, temente a Deus em todos seus caminhos, confiante de que tudo acontecia em sua vida sob a permissão do Senhor, grato a Ele por tudo que recebera, Jó não esperava tão grande mal que lhe sobreveio: *"Aguardava eu o bem, e eis que me veio o mal."* (Jó 30:26).

Observe bem: não estamos falando de qualquer um. O autor destas palavras não foi um crente inconstante e infiel. Não foi um ateu, muito menos um apóstata! Não foi um comerciante da fé e nem um hipócrita religioso. Jó, servo justo e sincero diante de Deus, grato, fiel, constante em sua fé, que se desviava do mal, tendo alcançado o testemunho do próprio Deus, ele mesmo, abrindo seu coração em uma lamentação com causa (diferente de muitos que murmuram por qualquer incidente banal, que "sem terem uma cruz para carregar fabricam uma com dois palitos"), falou com sinceridade do que sentia em relação a tudo o que estava passando. Ele suportou a provação, mas, no seu íntimo, o que ele esperava era totalmente o oposto do que recebeu.

Jó é tido por muitos como um homem de grande e admirável paciência. Eu prefiro defini-lo como um grande herói da fé. Na situação em que Jó esteve, nenhuma paciência teria sido suficiente se a mesma não estivesse alicerçada em uma sólida e inabalável fé!

Mesmo sendo consumido pela dor, tinha confiança na sabedoria de Deus. Mesmo desejando não ter nascido, tinha a certeza de que Deus sabia o que estava fazendo. Em um claro momento de desânimo, pediu a morte, e embora não conseguisse compreender os divinos propósitos de Deus para tudo o que estava passando, sabia que eles existiam e por isso não pecou com a sua boca. Compreensiva e naturalmente, milhares de indagações vieram à mente de Jó. Apesar de sua fé, os porquês eram inúmeros! Mas quem em tal situação não reivindicaria e buscaria insistentemente uma resposta de Deus?

Na história da humanidade, sem dúvida alguma, Jó foi um dos homens que mais sofreu. Perdeu tudo. Tudo mesmo! Não foi apenas uma causa na justiça ou o carro que lhe fora roubado. Não foi somente a dolorosa perda de um filho ou a casa de campo incendiada. Não foi apenas a traição de um amigo ou uma doença com necessidades de socorro urgente. Foi muito pior... Assombrosamente maior do que você ou eu tenhamos passado. Ele não perdeu só uma casa, perdeu todos os bens! Não morreu apenas um de seus filhos, morreram todos eles! O que fazer? Trabalhar para reconquistar tudo de novo? Ele não! Foi acometido de chagas, ao ponto de precisar raspar a pele com cacos de telha. Ah... Mas ainda tinha o companheirismo da esposa! Enganou-se mais uma vez; ela estava incapacitada de consolar, visto que sofria tanto ou mais do que ele! Sobraram os amigos! Grandes amigos... A única coisa que fizeram foi acusá-lo! O que restou? Apenas uma alma que, por Deus impedida, teimava em não abandonar um quase morto! Perdeu as forças, o ânimo, a alegria, os bens, a família, a saúde e os amigos, mas ainda lhe restavam duas armas preciosas: a fé e a sabedoria.

Há muitos homens de fé que em tal situação falariam o que não era para ser falado por falta de sabedoria. Mas Jó, não! Teve, sim, a expressão da angústia de sua alma através de um sincero lamento, mas nada além que fugisse das características próprias e naturais da limitação de um homem duramente provado. Nada além do que Deus não pudesse compreender, afinal, Ele, melhor do que nós mesmos, *"conhece a nossa estrutura, e sabe que somos pó."* (Salmo 103:14).

Duvido muito que tenha alguém capaz de dizer que nunca passou por um momento difícil e doloroso. Às vezes, alguém chega, certamente de forma automática, e pergunta: *"E então, Késia, como vão as lutas?"* E eu, com muita sinceridade, respondo: *"Que lutas? Eu não tenho lutas."*. Sempre digo aos mais íntimos que tenho consciência de que passo, sim, por alguns problemas, momentos dolorosos, decepções e provas, mas me sentiria envergonhada falando do meu "grande sofrimento" frente aos sofrimentos que suportaram Jesus, Paulo, José, Jó e muitos outros.

Lembro com carinho de um devocional familiar onde meditava sobre isso com minha irmã, Débora, (in memorian) e minha mãe, Sílvia. Disse a elas sobre minha preocupação em não passar por grandes lutas como os heróis da fé. Se por coisas tão pequenas eu me deixava abater, teria eu capacidade de suportar o que estes homens suportaram? Por que eu sofria por tão pouco? Antes de iniciarmos a oração, onde cada uma fazia seu pedido, minha irmã solicitou: *"Vou pedir a Jesus que mande tribulação para Késia!"*. Parei, olhei para ela espantada e comecei a sorrir. Acho que ela tinha levado mais a sério a situação do que eu mesma!

Analisando o tema de seu pedido, cheguei à conclusão de que é muito arriscado fazer tal petição. Não roguei por isso, mas... Há outra forma de alcançar a paciência? Acho que se perguntássemos a Tiago, ele diria que não. *"Sabendo que a provação da vossa fé (através das lutas), uma vez confirmada, produz paciência"* (Tiago 1:3).

Acho importante os momentos onde compartilhamos nossas fraquezas; é muito interessante relatar uma determinada luta onde se tenha alcançado o favor de Deus ou onde a fé tenha se mantido constante, independentemente da situação, para que haja a edificação da fé daqueles que compõem o corpo de Cristo. Quando somos surpreendidos com uma situação de sofrimento e dor não devemos negar sua existência, mas devemos nos esforçar para entregar tudo a Deus, a fim de que o período de reflexão e sofrimento não demore mais que o necessário.

Porém, as bênçãos do Senhor são merecedoras da nossa atenção, e uma ação contrária a essa seria o ato de não reconhecer os benefícios recebidos, ou seja, seria uma verdadeira ingratidão. *"Bendize, ó minha alma, ao Senhor, e tudo o que há em mim bendiga ao seu santo nome. Bendize, ó minha alma, ao Senhor, e não te esqueças de nenhum só de seus benefícios"* (Salmo 103:1-2). Independentemente de qualquer provação, já fomos alcançados pela graça e o amor de Cristo Jesus. Temos a promessa da vida eterna, um benefício extremamente valioso para ser esquecido.

REAGIMOS AGRADECIDAMENTE COMO JÓ?

Passamos por algumas dificuldades e elas são inevitáveis enquanto estivermos na terra. Mas, como temos reagido a elas? Temos agido humildemente, aceitando, mesmo com dor, os momentos difíceis e as duras provas que Deus nos permitiu passar? Ou nossa gratidão ao Todo-Poderoso só está presente nos momentos alegres e calmos da vida? Você O tem adorado por tudo que Ele é, ou de maneira soberba e ingrata somente O louva pelos benefícios recebidos? Apesar da dor e da angústia, apesar do pedido desesperado para morrer, apesar das muitas indagações que fez ao Senhor, Jó manteve-se grato! E nós?

Muitas vezes, quando não conseguimos comprar a geladeira nova, trocar o fogão que já está ultrapassado ou quando não conseguimos adquirir o carro mais novo e espaçoso; quando um pai perde seu jovem filho num trágico acidente de trânsito ou perdemos qualquer pessoa a quem amávamos muito; quando a enfermidade nos assola ou somos perseguidos por nossas convicções; quando alguém se dispõe a inventar mentiras sobre nós e levantar acusações graves contra nossa moral e caráter... o que fazemos? Tomamos a posição de injustiçados por Deus, e pensando estar acima dEle, Lhe damos um ultimato! Exigimos explicações e respostas. Nos defendemos, discorrendo sobre nossa justiça. Choramos dizendo que está doendo, que não dá para suportar! Alguns chegam ao cúmulo da chantagem, alegando que se a luta não passar, hão de abandonar a fé. Tomando emprestadas as palavras de Arthur John Gossip:

> "Não consigo entender esta nossa vida. Mas compreendo menos ainda como as pessoas com problemas, perdas e aflições podem fugir mal-humoradas de sua fé cristã. Em nome de Deus, fugir para onde? Já não perdemos o suficiente para perdermos mais isso?"

Outros, mais audaciosos, chegam a pensar: "*Como Deus vai fazer isso sem mim?*". Sinceramente, espero que você não seja um desses, mas se for, quero que lembre-se de uma coisa: Ninguém é insubstituível! "*Todos nós somos como o imundo, e todas as nossas justiças como trapo da imundícia; todos nós murchamos como a folha e as nossas iniquidades como um vento nos arrebatam*" (Isaías 64:6). Acredite: você não é uma exceção; e, se alguém depende de alguém nessa história, somos nós, pois Jesus disse uma verdade imutável: "*Sem mim nada podeis fazer*" (João 15:5c).

Constantemente, somos ingratos a um Deus que não tinha obrigação nenhuma de nos abençoar, e mesmo assim o faz! Que fez muito mais do que você e eu poderíamos fazer por alguém. Que providenciou um caminho eterno para todos aqueles que tão somente creem em Seu amor e O aceitam como único Senhor e Salvador, o que de fato Ele é! Mas, quando atingidos pela dor, esquecemos de tudo isso. Fazemos questionários para Deus e ficamos perturbados com o Seu silêncio. Aliás, o silêncio de Deus durante o sofrimento muitas vezes causa maior dor e desespero que o próprio sofrimento. Perguntamos: "*Que Deus é esse, que diz me amar e nem sequer me indica a direção nem me dá respostas quando clamo por socorro? Ele mesmo disse: clama a mim e responder-te-ei. Então, por que não encontro respostas?*".

Isso me faz lembrar um período angustiante em minha vida. Cheguei pedir a Deus para morrer e O indagava muitas vezes porque as coisas não estavam acontecendo como imaginei. Não pedia nada demais: pedia condições para realizar a obra e ver meus pais morando em uma casa própria. Nem chegava a pedir um esposo ou um casamento, só queria ser imune ao sofrimento e parar de sofrer por sentimentos não correspondidos. Não pedia para ser famosa, só queria o mínimo possível para realizar a obra com tranquilidade, mas parecia que nem isso podia acontecer. Quando orava, chorando muito, a inspiração divina veio ao meu coração e aos meus lábios, com uma canção exortativa e cheia de amor da parte de Deus. Ela diz exatamente o seguinte:

Será que vais me amar quando tudo se perder?

Vais em mim confiar, se o teu melhor amigo te deixar?

Te voltarás a mim, se alguém que amas te trair?

Em mim te alegrarás, se o pão à mesa te faltar?

Será que vais me honrar ou nas provações vais me negar?

Será que ouvirei tua voz louvar quando a dor vier machucar?

Será que bastará ter entregue Meu filho por amar você?

Ou seu amor por mim precisa de outras bênçãos pra sobreviver?

Filho, eu te amei e nada quis, senão o teu amor

Não posso te dar prova maior

Que o sangue que o Meu Filho derramou

Confiarás em mim apenas quando tudo estiver bem?

Me amas por tudo o que sou

Ou apenas por aquilo que te dei?

Serás que vais me amar?

Chorei muito e pedi perdão ao Senhor. Senti-me extremamente interesseira, mais preocupada com as bênçãos do que com o Deus das bênçãos. Perguntar onde está o Senhor não é a forma mais sábia de tranquilizar o coração. Isso levou minha mente à outra história.

Certo pastor foi abordado por uma irmã que tinha acabado de perder seu filho. Transtornada, perguntou ao pastor: *"Onde Deus estava quando meu filho morreu?"*. O pastor parou, pensou e disse que naquela hora não tinha uma resposta, mas que ia orar a Deus, a fim de entender uma razão para o sofrimento daquela irmã. Foi para casa e orou. No outro dia, quando a irmã lhe viu, refez a pergunta, e então o servo do Senhor respondeu: *"Minha querida irmã, Deus não esqueceu e nem se afastou de você. Quando seu filho morreu, Ele simplesmente estava no mesmo lugar em que esteve quando deu o próprio filho dEle em sacrifício para a remissão das nossas almas"*.

Será que temos o direito de exigir alguma coisa de Deus? Quem é o servo? Quem é a criatura? É claro que como filhos de Deus temos a graça de alcançar ainda nesta vida o cumprimento de muitas promessas feitas por Ele, mas se sabemos receber o bem com gratidão, também devemos esperar o mal conservando o mesmo sentimento. Sabemos como a ingratidão fere. Nossa ingratidão é ofensiva ao amor de Deus.

Não precisamos e, em muitos casos, realmente não conseguimos conservar a alegria ou o ânimo durante as provações, mas podemos convidar nossa alma a lembrar dos benefícios eternos que já temos recebido, e assim conservar a fé e a gratidão. *"Nu saí do ventre de minha mãe e nu voltarei; o Senhor o deu e o Senhor o tomou; bendito seja o nome do Senhor"* (Jó 1:21). Além do mais, o mal que sobrevém aos filhos de Deus sempre está apoiado em um divino propósito, que algumas vezes não nos é permitido saber. Mas há! O propósito existe e Deus é profundo conhecedor dele.

Imediatamente, podemos não ver razões para o sofrimento, mas muitas vezes Deus usa o deserto como um curso de capacitação, a fim de que nós tenhamos uma maior resistência e experiência para lidar com situações futuras. Deus se utiliza dos vales a fim de preparar nossos corações para a concretização de determinadas promessas.

Por Que Deus Permite a Provação?

Ao contrário do que muitos pensam, o silêncio de Deus não é um descuido, um esquecimento e nem se deve à possibilidade de Deus estar muito ocupado ou cansado. As provações e os vales que atravessamos não são sinais do abandono de Deus. Para entendermos Seu silêncio e o porquê de permitir passarmos por momentos tão escuros e amargos à nossa alma, precisamos considerar três pontos:

1. Deus não possui nenhum tipo de limitação. A Onisciência (poder de conhecer todas as coisas, bem como de sondar todas as mentes e corações), a Onipresença (o fato de Deus poder estar em todos os lugares) e a Onipotência (detenção de todo o poder para fazer tudo aquilo que, em Sua perfeita sabedoria e vontade, Ele deseja fazer) são atributos naturais e próprios de Deus. Embora por nossa limitada capacidade não possamos alcançar a profundidade e dimensão de tais atributos, eles fazem parte do que Deus é, e isso é o suficiente para sabermos que, sendo Deus, não trabalha com lógica humana! Podemos descansar na verdade de que Ele nunca se cansa de nos ouvir, nos guardar, nos amar e nem muito menos tira férias.

2. Quando Deus permite que servos fiéis passem por duras provações, Ele está simplesmente respondendo a uma oração que você, eu e todos os servos fiéis já fizemos. Pedimos isso a Ele quando oramos, com as palavras de Davi, o Salmo 139:23, 24: *"Sonda-me, oh Deus, conhece o meu coração, prova-me e conhece os meus caminhos; vê se há em mim algum caminho mau e guia-me pelo caminho eterno"*. Assustado? Orou sem se dar conta do que estava pedindo? Agora não tem como voltar atrás. Se sinceramente você já fez essa oração, não espere consequências diferentes. Aqueles que verdadeiramente amam ao Senhor e desejam Lhe servir em santidade e profunda devoção, certamente não voltarão atrás. Continuarão a fazer essa oração.

Às vezes, achamos que tudo está certo. Que nada precisa ser mudado em nós. E talvez, aparentemente, nem você e nem outras pessoas achem que realmente precise. Mas Deus vai além do que nós mesmos podemos ir. Há coisas que nos parecem boas e inofensivas, mas que Ele deseja mudar ou aperfeiçoar. Corre o risco de você dizer: *"Assim já está bom, ninguém é perfeito mesmo!*". Mas Deus nos chamou para sermos santos e caminharmos em santificação. Chamou-nos para conhecê-Lo. Para sermos "*... como a luz da aurora, que vai brilhando mais e mais, até ser dia perfeito.*" (Provérbios 4:18b).

A vida com Deus é dinâmica. Que Ele tenha misericórdia dos que vivem uma vida cristã estagnada, pois é capaz de, no dia em que formos chamados por Ele, a fim de nos tornarmos como o dia perfeito, estes, que ficaram dormindo e acomodados, ainda estejam cobertos pela penumbra da noite!

3. O que é prova? No dicionário Aurélio da Língua Portuguesa, a definição é a seguinte: "**Provar.** *1. Demonstrar com provas. 2. Tornar evidente. 3. Conhecer por experiência própria*". As provações têm dois objetivos claros. Elas permitem que venhamos a nos conhecer melhor, por isso a individualidade de cada provação. Deus sabe qual o melhor caminho para que cada pessoa venha a aprender sobre si mesma, e com esse aprendizado seja apta para discernir seus próprios sentimentos e detectar se algo está errado em suas emoções. Passamos também a conhecer mais profundamente o caráter, os atributos, os propósitos e a essência de Deus. Quando passamos por determinadas adversidades, somos levados a ter um vislumbre de alguns sentimentos que o próprio Deus possui. Assim, nossas orações serão mais intensas, nossas palavras mais autênticas e nossa compreensão de Deus se expandirá. Deus anseia ser buscado e conhecido pelo seu povo; e, por acaso, há alguma maneira mais eficiente de se conhecer alguém do que compartilhando seus sentimentos, ainda que em proporção infinitamente menor? Cada vez que somos provados, estamos sendo levados um passo adiante em nossa intimidade com Ele.

VOLTANDO À SALA DE AULA

O silêncio de Deus durante a provação pode ser comparado ao que acontece em uma sala de aula. Durante o mês letivo, o professor transmite a matéria, fazendo exposição do conteúdo e travando constantes diálogos com seus alunos. Mas chega o dia em que todos estes são colocados separados uns dos outros, em silêncio, diante de uma prova. O professor possui todas as condições de ajudar um aluno em dificuldades. Mas ele não o faz! A prova avalia o aluno e certifica se o mesmo encontra-se apto a subir o nível. Se o professor facilita demais o processo, acaba prejudicando o aprendiz, visto que passaria a um novo estágio sem estar, de fato, preparado.

Concluído o tempo de avaliação, o professor pode ter algumas surpresas! Alunos confiantes e participativos nas aulas podem fracassar. Quando a autoestima elevada dá espaço à negligência, o conhecimento real fica a desejar. Outros, confusos e incapazes, podem surpreender. Cônscios das próprias deficiências, se valem de todo tipo de reforço na preparação para o exame. Dedicação e disciplina compensam supostas incapacidades. Alguns trabalharam duro, alcançando o resultado almejado. E resta quem saiba todas as respostas, mas na hora, por falta de atenção, sonolência ou simples falta de interesse, deixa o tempo passar, e quando desperta já é tarde demais!

No curso desta vida humana entrelaçada na vida eterna, alguns detalhes diferem fatalmente de uma sala de aula. Os alunos permanecem basicamente dentro das mesmas descrições feitas acima e expostos às mesmas possibilidades citadas. As maiores mudanças são encontradas no propósito das provas e na natureza do professor. Nosso Deus não precisa distribuir questionários a fim de nos conhecer. Ele nos formou. Fomos gerados nEle. Conhece nossa estrutura, mente e coração. Deus nos conhece, e nenhum resultado O pega de surpresa.

Na vida, as provas não são gerais, embora haja casos em que uma catástrofe possa produzir uma mesma tragédia para inúmeras pessoas ao mesmo tempo, mas, ainda sim, elas são específicas. Os desertos são particulares. Cada um possui seu próprio vale. Cada prova é exclusiva e seus resultados são mais sérios do que simplesmente passar de uma série para outra. Ela cumpre o propósito de nos reavaliarmos constantemente diante de Deus.

Sobre a aprovação em cada teste, a mesma não conduz somente a um novo estágio, mas a uma nova dimensão espiritual e um nível mais elevado de comunhão com Deus. Sendo a lógica espiritual inversa, quanto mais conhecemos, mais dependentes nos tornamos. Quanto mais aprovados somos, mais servimos. Deus pretende, a cada prova, voltar nossa atenção para a realidade espiritual que há por trás de tudo o que é natural, a fim de que não mais haja embaraço com as coisas desta vida.

Em uma jornada tão longa, ser reprovado algumas vezes é inevitável.

Mas isso também ensina. Além do mais, nosso Mestre "*se compadece de nós, tal qual um pai se compadece dos filhos*" (Sl. 103:13). Sua intenção não é reprovar ninguém. Seu objetivo final é salvar. Sua motivação sempre é o amor. Sua estratégia sempre é a de ensinar e conduzir o pecador perdido ao arrependimento, para que este seja transformado em cada aspecto de sua vida. Porque "*o Senhor resgata a alma dos seus servos, e dos que nele confiam nenhum será condenado*" (Salmo 34:22), e ainda "*Porquanto Deus enviou o seu filho ao mundo, não para que julgasse o mundo, mas para que o mundo fosse salvo por Ele*" (João 3:17). "*Porque não temos sumo sacerdote que não possa compadecer-se das nossas fraquezas; antes, foi Ele tentado em todas as coisas, à nossa semelhança, mas sem pecado.*" (Hebreus 4:15).

Quando alguém trai nossa confiança, muitas vezes somos irredutíveis. É fácil dizer que perdoamos, mas o comum é cerrarmos todas as oportunidades de reaproximação. Não raro, nos defendemos com a desculpa de que estamos nos resguardando de sofrer nova decepção. Não cremos verdadeiramente na mudança de postura do ofensor. E então, quando falhamos com Deus, julgamos que nos tratará de igual modo.

Mas lembre-se: Deus não é como o homem. Ele aceita seu arrependimento e realmente anula suas culpas. Não falo aqui das consequências, mas da forma como Ele o vê. Provavelmente não teríamos chance alguma sozinhos, mas Ele nos enxerga através do sacrifício de Cristo, e por isso realmente somos reputados como justos diante dEle. É como reiniciar o computador. Recomeçar do zero em um caminho onde Ele deseja que você esteja mais perto dEle do que estava antes. Quando você O entristece, tudo o que Ele mais deseja é o doce dia do seu clamor por uma nova chance, e quando isso acontece, não dá apenas uma nova oportunidade, mas transborda sobre você a Sua infinita graça, amor e misericórdia.

Assim, somos capazes de perdoar. Sendo Ele perfeito, não nos negou perdão; como, sendo nós imperfeitos, o negaremos ao nosso semelhante? Guarde isso no coração: se você errou, as misericórdias do Senhor se renovam a cada manhã. E da própria fonte de graça recebida você pode a mesma graça ao seu próximo canalizar.

Dia De Prova

Lembre-se do que acontece na sala de aula em dia de prova. Se há um iminente som de vozes, ouvimos o professor, às vezes doce, às vezes mais severo, dizendo: *"Silêncio! É prova!"*.

Em situações difíceis, o melhor a fazer não é brigar com Deus, nem lhe apresentar questionários em busca de explicações, mas, sim, aguçar a visão espiritual e a atenção às lições que Deus quer ensinar através da situação. Na jornada cristã, são muitos os períodos onde tudo se cala para que Deus, de forma prática e real, revele-Se àqueles que O amam. Por isso é necessário fixar a mente em Deus e não nas lutas. Voltar a atenção para a dor em si pode obscurecer a compreensão sobre o que Deus está ensinando e impedir que a benção se manifeste.

Vários homens da Bíblia enfrentaram o vale do silêncio. Abraão, no caminho do monte onde sacrificaria seu filho. Moisés, no deserto, quando fugiu do Egito após ter matado um homem. Elias, escondido em uma caverna, temendo a ira de Jezabel. Jó, José, Jeremias e tantos outros. Você e eu!

O silêncio e a solidão física conduzem à reflexão! Não nos deixam outra alternativa, senão a de depositar nossa confiança nAquele que é onipotente, sábio e justo para nos guiar através das mais diversas circunstâncias.

> *"E não vos conformeis com este século, mas transformai-vos pela renovação da vossa mente, para que experimenteis qual seja a boa, agradável e perfeita vontade de Deus."* (Romanos 12:2)

É impossível sermos transformados segundo a vontade de Deus quando ouvimos mais a voz do mundo, dando mais atenção e valor ao que os homens pensam de nós do que para o que Deus tem a nos dizer e ensinar. *"Pensai nas coisas lá do alto, não nas que são aqui da terra"* (Colossense 3:2). Se não estivermos *"firmes e cingidos com a verdade, vestidos com a couraça da justiça, com os pés calçados com a preparação do evangelho da paz, com o escudo da fé, com o capacete da salvação e com a espada do espírito que é a palavra de Deus"* (Efésios 6:14-17), ficaremos totalmente expostos às enxurradas de uma nova era pós-moderna, que aprega a relatividade da verdade, a desconstrução dos valores, um ecumenismo essencialmente ateísta, um espírito materialista e competitivo, a sensualidade generalizada, uma corrupção institucionalizada, além da frieza espiritual e da arrogância comercial que inundou e contamina os espaços que eram sagrados. Se não ouvirmos a Sua voz, seremos presas fáceis do próprio coração, que "*é enganoso mais do que todas as coisas, e desesperadamente corrupto; quem o conhecerá?*" (Jeremias 17:9).

Mas quem confia seus caminhos ao Senhor e O busca de todo coração; quem humildemente reconhece não ser sem o EU SOU, e que nada faz sem o ELE É; quem se esforça dando o seu melhor e aprende a exercer gratidão, o próprio Deus, com prazer, o toma pela mão e o capacita para a realização do seu chamado.

O Senhor tem interesse em nos levar a caminhos novos, onde descobriremos mais sobre nós mesmos, passando a amá-Lo e desejaremos, acima de tudo, fazer Sua vontade mais do que tudo na vida. "*Eu, o Senhor, esquadrinho o coração, eu provo os pensamentos; e isto, para dar a cada um segundo o fruto de suas ações*" (Jeremias 17:10). Mais do que ações, nossos pensamentos também são conhecidos e provados pelo Senhor.

Então, quando a ansiedade quiser maltratar em busca de respostas que parecem nunca chegar, confronte-a na Palavra, mostrando a soberania do Deus que você serve. Expulse-a do centro das atenções e evite reagir como uma criança ingrata. Por que ferir com incredulidade e ingratidão Aquele que fez tudo por nós? Se o rogado não foi atendido, refaça o pedido. Que o clamor constante seja: Senhor, abra meus olhos para que vejam além da adversidade. E como disse Charles Stanley em seu livro, Contato com Deus:

> "*Bem mais importante que a origem da adversidade é a nossa resposta a ela. Ficamos querendo saber o porquê da questão, quando o que importa realmente é a resposta que lhe daremos. Gastar tempo tentando descobrir o porquê da questão é correr o risco de perder o que Deus quer nos ensinar. Ironicamente, concentrar-se no porque muitas vezes nos impede de descobri-lo. Se for da soberana vontade de Deus revelar-nos a resposta deste lado da eternidade, Ele nos dirá como reagir favoravelmente*".

Se sentiu vontade de falar com Deus sobre sua dificuldade de manter-se grato e de aceitar compreensivelmente os momentos em que todos parecem sumir e Deus parece se calar, faça isso agora mesmo! Ele entenderá! Quando for orar, não pergunte o porquê, mas "para que?".

Não peça para Deus livrar você da cova, mas, como aconteceu com Daniel, peça para que Deus livre você na cova. O leão continuou lá, assim como o inimigo continua ao nosso redor, tentando nos tragar. Mas toda e qualquer ação dele não pode atingir os que estão guardados por Deus. A ingratidão pode ferir, mas não vai matar. A falta de gratidão pode querer fazer morada em nós, mas o Espírito nos exorta, trazendo-nos de volta ao lugar certo. As tribulações sem causa podem sobrevir aos filhos de Deus, no entanto, nossa fé resguardada em Sua Palavra está.

Assim como Jó, não seja ingrato a Deus, atribuindo a satanás tudo de ruim que lhe acontece. Louve a Deus por saber que Ele tem o controle de tudo nas mãos e sempre há um divino propósito para as nossas provações. A palavra final sempre é do Senhor.

Encare esse sofrimento como um estágio para algo maior e melhor que Deus tem para sua vida. Ele só exige grandes sacrifícios daqueles a quem tem uma grande benção a entregar. Não se desespere!

Pssssiuuuuuu!

Silêncio!

É prova!

Capítulo 6

Há Barreiras Para Deus

"E não fez ali muitos milagres, por causa da incredulidade deles."
MATEUS 13:58

Ao longo do tempo, Deus tem agido de forma presente na condução da história. Houve uma época em que Ele se manifestava de forma clara e evidente, de modo que todos podiam comprovar e testificar Sua existência e poder. Hoje, Deus parece ter escolhido uma forma mais sutil para revelar-Se. Não se trata simplesmente da real falta de fé da nossa geração, mas da forma como Deus tem conduzido a história do Seu povo, a fim de levá-lo a uma verdadeira fé e um autêntico amadurecimento espiritual.

Como cristãos sinceros e tementes, que creem verdadeiramente no poder de Deus, podemos, bem intencionados, erguer alguns questionamentos: "Se Deus revelasse todo o Seu poder, então eles creriam. Ele não pode todas as coisas? Sua ação não é independente da vontade humana? Por que não age de forma sobrenatural incontestável para que os ímpios temam e então vejam que há um Deus?". Sobre o tema, Philip Yancey tem uma opinião:

> "Para a geração israelita, a orientação nítida se tornou uma afronta, da mesma maneira como a orientação obscura se tornou para a nossa... Essa orientação nítida para os israelitas quase eliminou por completo a necessidade de fé; a orientação clara e definida esvaziou a liberdade, tornando cada escolha uma questão de obediência, e não de fé."

Os grandes milagres da história não foram suficientes para produzir o tipo de fé e adoração que Deus almeja. Ainda me utilizando das palavras de Philip Yancey: *"Deus forneceu sinais em abundância aos israelitas, e a fé deles simplesmente se tornou preguiçosa – não mais tinham de crer."*. Pela própria Bíblia, vemos que a atuação nítida de Deus nem sempre foi suficiente para produzir corações gratos e cheios de fé. Fé é o extremo oposto de incredulidade, e esta última é a característica veemente ressaltada quanto ao povo de Israel.

Perguntas do tipo *"Por que Deus não se manifesta logo para que todos vejam seu poder?"* já fizeram parte da minha vasta lista de indagações. Porém, quando vamos amadurecendo na fé, passando a ter um conhecimento mais profundo da palavra de Deus, vemos o quanto nossa visão é limitada. Por contemplarmos apenas uma parte da situação, achamos que Deus deveria agir assim ou daquele jeito, e até ousamos Lhe dar algumas dicas de como deveria atuar na história dos homens.

É como geralmente procedemos com os líderes do governo. Sempre haverá aqueles que, enquanto subordinados, encontrarão solução para tudo. Em seus discursos, elaboram estratégias infalíveis para erradicar a pobreza e o desemprego, além de projetos ousados e eficientes para a educação e a saúde, ao mesmo tempo em que investem no desenvolvimento tecnológico do país, sem esquecer das exportações e do controle da inflação. Porém, todos os que chegam ao poder terminam por encontrar as mesmas dificuldades do governo anterior. No poder, as coisas não são tão simples assim! Sempre é mais fácil governar de fora!

A ficção se faz extremamente útil para exemplificar algumas verdades. No filme Todo Poderoso, o comediante Jim Carrey interpreta o jornalista Bruce Nolan. Quando se vê diante de um fracasso após outro, questiona a Deus, de forma irada, sobre Sua forma de governar o mundo. Inacreditavelmente, Deus resolve tirar férias, dando a Bruce todos os Seus poderes, e com eles a responsabilidade de conduzir a Terra. De início, o jornalista fica maravilhado em poder realizar tudo o que deseja, mas logo percebe que cada decisão sua tem consequências nos lugares mais remotos do universo. Ao fim, exausto e sozinho, se rende e entende que ser Onisciente, Onipotente e Onipresente era demais para um simples homem como ele, implorando com lágrimas: *"eu não quero mais ser Deus. Por favor, Senhor, faça as coisas do Seu jeito."*.

Nossa falta de sabedoria em opinar como Deus deveria agir é bem ilustrada por Abodah Tarch, que em uma de suas narrações relata o seguinte:

> *Perguntaram, em Roma, aos anciãos: "Se vosso Deus não gosta da adoração a ídolos, por que não os destrói?".*
>
> *Responderam: "Se os homens adorassem coisas de que o mundo não necessita, ele certamente as teria destruído, mas adoram o sol, a lua, as estrelas e os planetas. Iria Ele destruir seu mundo por causa de tolos?".*
>
> *Os interrogadores replicaram: "Então Ele deveria ao menos destruir as coisas de que o mundo não precisa e deixar as outras.".*
>
> *Os anciãos responderam: "Então os adoradores das estrelas, da lua e do sol ficariam fortalecidos em sua idolatria, dizendo: 'Observem, esses realmente são verdadeiros deuses, porque não foram destruídos'".*

É comum não sabermos pedir como convém, e por isso mesmo devemos continuar orando até entendermos com clareza a vontade de Deus. Ele é honrado quando oramos e, em nossa caminhada, o Espírito Santo, que conhece nosso desejo e a vontade do Pai, vai fazendo os reajustes necessários em nossos sentimentos, desejos e na própria forma como pedimos.

Rogar a Deus que derrame o Seu poder implica pedir algo que vai muito além do que toda uma comoção em um breve período de tempo. Muitas igrejas oram pedindo almas convertidas e restauradas, mas não se preparam para recebê-las e nem se dedicam ao discipulado e cuidado das mesmas. Muitos oram por unção, mas não oram por quebrantamento. Muitos oram por cura, mas não querem saber de confessar suas culpas. Sem querer generalizar, muitos recorrem a Deus como se Ele fosse o gênio da lâmpada mágica. O que elas realmente querem não é o poder de Deus para a realização da Sua obra, e sim para um benefício pessoal ou para demonstrarem a um grande público que são mais espirituais do que outros.

A ação de Deus é simples, considerando o fato de que Ele é soberano para realizar tudo o que Lhe apraz. No entanto, é complexa, do ponto de vista de que as ações de Deus sempre visam cumprir um propósito muito maior do que simplesmente fornecer algum benefício, pois envolvem o interesse divino em trazer mudança interior e radical ao agraciado e, neste ponto, vale ressaltar que Deus não está interessado no tipo de fé "só vendo para crer".

Até um tempo atrás, achava que um milagre, não explicado pela ciência e incontestável ao mais cético dos homens, era a prova final de que uma pessoa precisava para crer em Deus. Porém, no decorrer de alguns acontecimentos, vi que não é bem assim. Do outro lado da moeda, ainda há os que não estão preparados para presenciarem um milagre.

Certa vez, participei de um congresso onde o pastor da igreja anfitriã, em um momento de profundo quebrantamento, pediu que trouxessem o paralítico presente para que toda a igreja orasse por ele. Falou um pouco sobre fé e sobre a onipotência de Deus em poder realizar aquele milagre. Disse também que eles haviam se preparado e orado muito para que Deus se manifestasse de forma poderosa durante o evento. Convidou a igreja a colocar-se de pé, começou a orar e impôs as mãos sobre o enfermo. Depois de um intenso clamor, o paralítico continuava em sua cadeira de rodas, e o pastor então orou: *"Senhor, se não queres curar este paralítico, podes ao menos nos dizer o porquê?"*.

A oração foi encerrada, e logo após o pastor convidado para pregar se dirigiu ao púlpito, com os olhos cheios de lágrimas e pediu o microfone, dizendo que tinha algo a dizer para a igreja. Parou, suspirou e então falou: *"Amados, não pensem que falo por mim, mas o Espírito Santo tocou profundamente meu coração e não posso me calar. Disse-me que este milagre não ia acontecer porque há muita incredulidade em nosso meio. Muitos perderiam até mesmo a salvação, porque creditariam o milagre ao homem, e não a Deus. Muitos aqui estavam se perguntando: 'Será que o pastor vai conseguir?'. O tempo da cura deste paralítico não chegou e ainda se faz necessário muitas mudanças em vossos corações para que deem a glória a quem merece."*. Senti em meu coração que aquilo realmente era uma exortação da parte de Deus através de seu servo e pedi perdão a Deus se, por acaso, houvesse incredulidade em meu coração.

A ação de Deus não é impedida pela vontade humana. Porém, ao contrário dos tempos antigos, não temos revelações esporádicas da presença de Deus, mas, sim, constantes, através do Espírito Santo, que nos consola e está presente no meio da Igreja. Quando Deus intervém nas leis naturais que Ele mesmo criou, a fim de produzir o milagre, espera encontrar fé e um amor desinteressado naqueles que clamam pelo socorro divino. Espera encontrar fé amadurecida e louvor a quem é devido. Deus anseia que Seus filhos O amem pelo que Ele é, e não simplesmente pelo que Ele faz!

Sofrimento Como Consequência da Incredulidade e Murmuração

A incredulidade, ou falta de fé, se constitui na maior barreira para que as bênçãos de Deus cheguem até nós, e isso porque Deus já nos deu a maior prova de Seu amor, provendo para nós a remissão dos nossos pecados e a garantia da vida eterna através da morte de Seu Filho, Jesus.

Deus não é mesquinho e nem se propõe a comprar o amor de Seus filhos, lhes concedendo as realizações de seus pedidos. Ele já fez muito mais do que merecíamos. Receber Sua graça e crer em Seu poder é questão de fé e gratidão.

Não consigo imaginar alguém que afirma crer no poder de Deus sem viver realmente no amor de Deus. Quem não vive no amor, não pode experimentar do poder. Aquele que não procura praticar as boas obras é porque não crê verdadeiramente no sacrifício de Jesus. Muitas vezes caminha em direção a uma igreja motivado pelo medo do inferno. Despreza o sacrifício de Cristo em seu íntimo, tendo espaço apenas para a rebelião.

Embora Deus tenha poder para realizar tudo o que quer, a salvação, que Ele mesmo já proveu, não nos é imposta, mas ofertada. Temos direito de escolha. Ainda que seja Todo-Poderoso, Deus não é intransigente... Ele nos concedeu o livre-arbítrio. Temos o direito de escolher entre a vida e a morte, podemos escolher amar a Deus ou ao mundo; e isso só é possível porque Ele nos amou primeiro!

> *"De fato, sem fé é impossível agradar a Deus, porquanto é necessário que aquele que se aproxima de Deus creia que Ele existe e que se torna galardoador dos que O buscam"* (Hebreus 11:6)

Você se sentiria feliz se alguém estivesse ao seu lado por interesse? Acho que não. Imagine Deus, que é santo, puro e Pai da verdade! Por mais que Lhe doa ver Seus filhos andando em direção errada, buscando prazeres efêmeros e ilusórios, nosso Pai jamais manteria alguém por perto na base do "toma lá, dá cá"! Ele corrige ao filho que ama, mas aos bastardos, os deixa livres para seguirem os desejos de seus corações incrédulos e pervertidos.

Geralmente, a incredulidade não anda sozinha. Está sempre de mãos dadas com a murmuração. Murmuração, do grego *gogguzo, diagogguzo, embrimaomai ou goggusmos,* significa, em geral: resmungar ou murmurar um discurso subalterno ou semiarticulado. Segundo o Dicionário Wycliffe, "envolvidos na murmuração podem estar elementos tais como descontentamento, queixa, insatisfação, ira, oposição e rebelião".

Embora nem sempre este seja o caso (conforme Atos 6:1), Deus é geralmente o objeto da murmuração que é mencionada nas Escrituras. Por exemplo, em Êxodo 15:17 e Números 14:16-17, os israelitas descontentes murmuraram contra Deus enquanto atravessavam o deserto; eles, sem dúvida, também murmuraram contra Moisés e Arão, mas Deus considerou essas murmurações contra seus servos como sendo, na realidade, contra Ele próprio (conforme. Êxodo 16:2,7,8; Números 14:2,27).

As atitudes e ações dos que murmuram são a manifestação de um temperamento inconveniente correspondente. Por exemplo: o queixume e a rebelião dos israelitas no deserto, a presunção dos escribas e fariseus, a incredulidade do restante dos judeus que rejeitavam os ensinos e as reivindicações de Cristo, o ressentimento dos empregados que se opuseram à generosidade do patrão para com os outros e a impiedade dos apóstatas na Epístola de Judas. E mais, foi a primeira ameaça à unidade da igreja primitiva. (Atos 6:1-6).

É impossível falarmos de incredulidade e murmuração sem lembrarmos da história do povo de Israel em sua peregrinação no deserto. Toda aquela enorme multidão que saiu do Egito, exceto Josué e Calebe, morreu no deserto e não chegou a desfrutar das delícias da tão desejada Canaã que Deus lhes havia prometido, e tudo isso por causa da murmuração, incredulidade e dureza daqueles milhares de corações.

Após a travessia do Mar Vermelho, doze homens foram enviados para espiar a terra que lhes seria dada por herança. Ao voltarem, o relatório de dez daqueles homens era, de fato, desestimulante. Disseram que a terra era boa, mas que não poderiam tomá-la, pois lá habitava um povo poderoso em cidades grandes e fortificadas. Calebe ainda tentou lembrar ao povo que o mesmo Deus que há pouco abrira o Mar Vermelho era O que havia prometido a eles aquela terra e certamente se encarregaria de entregá-la em suas mãos. Lembrou que o Deus Libertador, poderoso em obras, os faria vencer sobre os amalequitas, os heteus, jebuseus, amorreus e cananeus.

Mas, quando o coração se fecha ao Senhor, a visão se volta apenas para aquilo que é visível. Quando a decisão é agir por força e inteligência próprias, nem mesmo grandes atos de Deus, com todas as provas de Sua fidelidade e senhorio, impedem a rebeldia de um povo. Eles só acreditavam no que viam e não confiavam de coração no Deus deles e na vitória prometida, aderindo ao desespero diante da menor pressão, mesmo já tendo enfrentado situação mais delicada e perigosa, como a saída do Egito. Ou seja, o povo de Israel não tinha um relacionamento com Deus. Não confiavam em Deus. Não conheciam a Deus. Não amavam a Deus.

O povo de Israel sabia que Deus tinha poder, mas não entendia o propósito de Deus com eles. Não O viam como um Deus pessoal, dotado de sentimentos, mas apenas como uma força que vez ou outra poderia intervir. A confiança que eles tinham em Deus não resistiu à primeira adversidade. Logo esqueceram da promessa de que todos aqueles povos seriam entregues em suas mãos.

A murmuração se fez presente e nós ficamos perplexos com tal atitude. Isso nos causa indignação. Nos perguntamos: "*Como esse povo podia ser tão ingrato, incrédulo e murmurador depois de testemunhar todas as pragas que Deus enviou sobre os egípcios, provendo, logo após, a grande libertação, permitindo que o povo caminhasse por entre as águas do Mar Vermelho?*".

Na conquista de Canaã, o próprio povo se colocou como um impedimento para a realização do plano de Deus, que visava tão somente abençoá-los. Não apenas murmuraram, como também pretenderam apedrejar Josué e Calebe. Desejaram em seus corações retornar ao Egito, desconsiderando abertamente tudo o que Deus já havia realizado por eles.

Porém, Deus não ficou indiferente à tamanha ingratidão e incredulidade. "*Disse o Senhor a Moisés: até quando me provocará este povo, e até quando não crerá em mim, a despeito de todos os sinais que fiz no meio dele? Com pestilência o ferirei e o deserdarei; e farei de ti povo maior e mais forte do que este*" (Números 14:11, 12).

Moisés intercede pelo povo e Deus resolve poupar os israelitas da exterminação. Entretanto, designa um outro castigo: "*nenhum deles verá a terra que, com juramento, prometi a seus pais, sim, nenhum daqueles que me desprezaram a verá; ... Não entrareis na terra a respeito da qual jurei que vos faria habitar nela, salvo Calebe, filho de Jefoné, e Josué, filho de Num. Segundo o número de dia em que espiastes a terra, quarenta dias, cada dia representando um ano, levareis sobre vós as vossas iniquidades quarenta anos, e tereis experiência do meu desagrado"* (Números 14:23,30,34).

Os 40 anos de peregrinação no deserto foram uma consequência da rebelião do povo israelita. Muitas bênçãos são adiadas pela falta de fé. Quando não esperamos pela ação do Senhor, agimos por conta própria e interferimos no plano original de Deus. O sofrimento do povo de Israel no deserto foi causado por eles mesmos.

Analisando mais profundamente o ocorrido com o povo de Israel, considerando a questão da incredulidade e da murmuração, não só naquele tempo, mas também nos dias de hoje, somos levados a refletir sobre uma verdade que chega a ser paradoxal. Nossa incredulidade, murmuração e até mesmo o desprezo pelo sacrifício de Jesus só são permitidas porque temos algo que recebemos do próprio Deus – o livre-arbítrio!

Sendo Deus onipotente, sábio e justo, não poderia fazer com que o homem, querendo ou não, vivesse em Seus retos caminhos, e assim extinguir de uma vez por todas o livre-arbítrio? Vendo pelo ângulo da onipotência divina, certamente poderia! Mas, se analisarmos a questão pelo ângulo da natureza divina, Ele não poderia! Deus não age contra a própria natureza. Se Deus agisse de tal forma, Ele estaria impondo a salvação, tornando-se então um deus totalmente intransigente. Tal atitude ofuscaria todo o brilho, verdade e força do Seu amor. Ele estaria lidando com marionetes, e não com filhos. Anularia nosso poder de escolha, poder este que Ele mesmo concedeu. Ele permitiu a escolha. Max Lucado, em seu livro, *Ele Escolheu os Cravos*, discorre de uma forma belíssima e totalmente inspirada sobre a dádiva do livre-arbítrio. Encerrando o capítulo, ao falar sobre os ladrões na cruz, ele escreve:

> *"Como podem dois homens terem visto o mesmo Jesus, e um ter escolhido rir dEle e o outro orar a Ele? Não sei, mas aconteceu. E quando um orou, Jesus o amou de tal maneira que o salvou. E quando o outro caçoou, Jesus o amou suficiente para permitir isto. Ele permitiu a escolha. E o mesmo Ele faz por você!"*

Fé Desenvolvida Durante a Caminhada Cristã

Não é simplesmente acordar e dizer: *"Escolhi ter fé!"*, e automaticamente tornar-se portador de uma fé inabalável. Não é assim que funcionam as coisas. O primeiro passo é entender o plano de Deus para o resgate da nossa alma.

Aceitar a Jesus como Senhor e Salvador é o princípio da caminhada, e a cada dia dá-se um passo a mais no conhecimento sobre o Deus a quem servimos. Tudo é processual. A escolha deve ser feita com sinceridade de querer conhecer a Deus. Ele terá prazer em revelar-Se, e a cada dia, a cada nova revelação, a cada novo milagre, a cada nova oração respondida, a cada provação a sua fé vai sendo fortalecida, de forma que chegará um nível em que tudo em sua vida estará apoiado nessa fé depositada no Deus vivo, que já provou ser digno de confiança. A escolha deve ser envolvida da humildade que reconhece depender de Deus.

A fé não é um sentimento. É um entendimento sobre aquilo que acreditamos ou esperamos. Independentemente do que sentimos, a fé subsiste para nos lembrar das verdades eternas que, na hora da dor, não conseguimos enxergar. É como um relacionamento entre amigos, irmãos ou entre um casal, onde, dia após dia, conhecemos mais sobre a pessoa com quem convivemos, e assim nossa confiança em relação a ela tende a aumentar. Com Deus, essa relação de confiança é infinitamente melhor, pois, ao contrário de relacionamentos humanos, que sempre estão arriscados a sucumbirem devido a possíveis decepções e descobertas desagradáveis, não corremos esse risco, pois Ele é imutável. E mesmo quando falhamos no cumprimento de nossas promessas, Ele continua sendo fiel e misericordioso!

Não temos razões para alimentar a incredulidade, muito menos a murmuração, características essas que não condizem com o comportamento do autêntico cristão. Paulo alertou contra essa prática pecaminosa, deixando um conselho que deve ser cravado no coração: *"Fazei tudo sem murmurações, nem contendas, para que vos torneis irrepreensíveis e sinceros filhos de Deus, inculpáveis no meio de uma geração pervertida e corrupta, na qual resplandeceis como luzeiros no mundo, preservando a palavra da vida, para que no dia de Cristo, eu me glorie de que não corri em vão, nem me esforcei inutilmente"* (Filipense 2:14-16).

A não murmuração exige prática. Devemos exercitar a mente, a fim de que não passe tempo meditando nas dificuldades, mas, sim, em coisas que trazem alegria e em tudo o que Deus fez e faz. Há momentos em que não podemos nos divertir; momentos onde há toda uma tensão física e emocional, mas, ainda assim, podemos direcionar nossa mente a verdades que aliviam o coração. O versículo acima citado deixa claro uma verdade: se murmuramos e promovemos contendas, somos culpados diante de Deus. Tudo o que dizemos pesa contra nós. *"Não consintas que a tua boca te faça culpado... Porque, como na multidão dos sonhos há vaidade, assim também nas muitas palavras; tu, porém, teme a Deus"* (Eclesiastes 5:6a,7). *"Digo-vos que de toda palavra frívola que proferirem os homens, dela darão conta no Dia do Juízo; porque pelas tuas palavras serás justificado e, pelas tuas palavras, serás condenado"* (Mateus 12:36,37).

Contudo, o pecado do povo de Israel não deveria nos causar tanto espanto, como se fôssemos melhores do que eles. Já ouvi diversas vezes, e de várias pessoas, que se tivessem visto um tão grande milagre como uma rua feita no meio do mar, não precisariam de mais nada para eternamente confiarem sem dúvidas e com muito fervor no Deus de Israel. O que tais pessoas desconsideram é que hoje temos duas provas muito maiores da presença de Deus. Maior prova que abrir um mar foi a de se fazer homem, demonstrando o seu interesse em querer se relacionar pessoalmente conosco, além de entregar-Se a Si mesmo em uma cruz, sendo inocente, para salvar da perdição a nós, pecadores. *"Porque Deus amou o mundo de tal maneira que deu o seu filho unigênito, para que todo aquele que nele crê não pereça, mas tenha a vida eterna"* (Jo. 3:16). Além disso, não existe prova maior do que a de ter nos escolhido para ser a Sua habitação. Não só temos acesso à gloriosa presença de Deus, como também Ele habita em nós através do Espírito Santo. *"Se alguém me ama, guardará a minha palavra; e meu Pai o amará e viremos para ele e faremos nele morada"* (João 14:23).

Quem murmura, principalmente conhecendo a Palavra de Deus, fere a Divindade, envergonha o evangelho que prega e nega a eficácia de sua fé. Passando por situações difíceis, não dê espaço para esse tipo de atitude que tanto desagrada a Deus. Se alguém nos feriu ou fomos injustiçados, não façamos propaganda daquilo que não vai edificar ninguém e só vai servir para alimentar raiva e tristeza. Não estou advogando negar a existência do problema, afronta ou sofrimento, mas, sim, encorajando-os para que levem tudo a Deus. Os melhores e piores sentimentos. As revoltas, tristezas e dores. É o Espírito Santo quem muda os nossos sentimentos.

Em *A Bíblia que Jesus lia*, Philip Yancey fala de como podemos lidar com alguns desses sentimentos:

> Como Dorothy Sayers disse certa vez, todos temos pensamentos diabólicos, mas há uma diferença abismal entre reagir com palavras e reagir com atos; entre, por exemplo, escrever um romance policial tratando de um assassinato e cometer um assassinato.
>
> Se uma pessoa me prejudica de forma injusta, tenho várias opções. Posso buscar vingança pessoal, reação condenada pela Bíblia. Posso negar ou suprimir os próprios sentimentos por estar magoado ou com raiva. Ou posso levar esses sentimentos a Deus, confiando a Ele a tarefa da justiça punitiva. Os salmos imprecatórios são exemplos vívidos dessa última opção. "A mim pertence a vingança; eu retribuirei", diz o Senhor – orações como os salmos imprecatórios deixam a vingança nas mãos certas. É significativo notar que os salmos imprecatórios expressam sua indignação a Deus, não ao inimigo... Afinal, o que seria fofoca, se revelado a outras pessoas, passaria a ser petição quando levado a Deus.

Concentre-se no que Jesus fez por você. "*Portanto, corramos com perseverança a carreira que nos está proposta, olhando firmemente para o Autor e Consumador da nossa fé, Jesus, o qual, em troca da alegria que lhe estava proposta, suportou a cruz, não fazendo caso da ignomínia e está assentado à destra do trono de Deus*" (Hebreus 12:1,2).

Jesus poderia ter escolhido não realizar o sacrifício. Poderia ter rejeitado a cruz. Mas, depois de vencer as próprias aflições no jardim do Getsêmani, escolheu morrer por nós, pecadores. E quando o fez, foi sem murmurar. "*Ele foi oprimido e humilhado, mas não abriu a boca; como cordeiro foi levado ao matadouro; e, como ovelha muda perante os tosquiadores, ele não abriu a boca*" (Isaías 53:7).

Quando alguém resolve fazer a obra de Deus por razões que não estão alicerçadas no amor, tudo o que lhe vier à mão para ser feito lhe será pesado, difícil ou penoso demais, garantindo assim espaço largo para a murmuração e incredulidade. Sempre arranjará culpados para seus fracassos – o lugar, a falta de oportunidades ou alguém que, a seu ver, não lhe tratou como merecia. Nossas ações, principalmente quando dedicadas a Deus, precisam ser motivadas pelo amor e gratidão. O amor não deixa espaço para queixas, rebeldia ou incredulidade. Esse amor crê que em tudo há um divino propósito e aceita com confiança as lutas da jornada. Por amor, Jesus foi fiel até o fim. Sendo o filho amado do Pai, justo e perfeito, origem de todo poder no céu e na terra, anulou-Se a Si mesmo, se desfez de Seu manto de glória e vestiu o fino e velho trapo da humanidade sem reclamar, porque via a glória que estava além do sofrimento!

Sempre estamos sujeitos a algum tipo de sofrimento. O fato de sermos amados por Deus não descarta essa realidade. Mas, sofrer é uma coisa, murmurar é outra! A dor é legítima. Somos humanos. Sentimos alegria, tristeza, amor e raiva. No entanto, apesar de toda essa avalanche de emoções que é a nossa vida, temos uma esperança: a vida eterna, onde a dor não mais existirá; e temos uma certeza... Deus está no controle de tudo, e Ele é bom!

Muitos não entendem o porquê de orações não respondidas e de determinadas dores tão profundas. O que acontece algumas vezes é que não vigiam, acabam falando demais, murmuram, reclamam e não examinam a si mesmas. Pessoas assim podem impedir não só as bênçãos de Deus, como também criam um bloqueio até para as pessoas mais amorosas e prestativas, afinal, quem gosta de ficar perto de pessoas mal-humoradas, que só reclamam da vida, que vivem com sentimentos de autopiedade e, ainda por cima, colocam a culpa em Deus e em tudo por se sentirem injustiçadas?

Aquele que podia se ressentir de tudo e julgar a todos não o fez; e se você já foi alcançado pela maravilhosa graça da salvação, também não tem motivos para fazê-lo. Para os que estão atrasando as bênçãos de Deus em suas vidas por não conseguirem se livrar da mágoa, da incredulidade e murmuração, receito as palavras do Pr. Josué Brandão, inseridas na mensagem *Os passos para uma oração respondida*: "*Perdoar não é conseguir, é querer! Você quer e o Espírito Santo consegue por você!*". É esse o segredo! Eu quero e o Espírito Santo realiza por mim aquilo que não posso fazer sozinha. Se quero sorrir em meio às lutas, ter paz em meio à guerra, ter um coração transbordando de gratidão a Deus em toda e qualquer situação, mas as dores e lutas são maiores do que eu posso suportar, então, confio ao Senhor o controle da situação e espero confiantemente o milagre, mesmo quando não encontro forças em mim mesma. Em momentos onde não sabemos o que fazer, o melhor a se fazer é: nada! Deixe Deus ser Deus. "*Portanto, não vos entristeçais, porque a alegria do Senhor é a vossa força*" (Neemias 8:10).

A única pessoa que pode impedir Deus de lhe abençoar é você mesmo! Se tudo em sua vida parece um vale de tristeza e as vitórias são dádivas que só os outros parecem desfrutar, se você acha que está sendo injustiçado por Deus e que merece bem mais do que tem recebido, reavalie sua postura diante dEle e dos homens e peça ao Espírito Santo que revele se você mesmo não tem se colocado como uma barreira diante de Deus! Se fracassou, procure aprender com seu fracasso. Ele pode servir para causar o quebrantamento necessário para que você se torne um (a) filho (a) mais humilde e mais sensível à voz de Deus, reconhecendo, por experiência própria, que, se Ele opera em nós e através de nós, não é por merecimento, mas porque Ele nos ama e Sua graça nos envolve a todo instante. "*Sacrifícios agradáveis a Deus são o espírito quebrantado; coração compungido e contrito, não o desprezarás, ó Deus*" (Salmo 31:17).

Talvez você tenha se esforçado e sacrificado muitas coisas pela obra do Senhor, considerando dessa forma que entregou a Ele o que tinha de melhor. Quem sabe ensaiou o hino mais lindo e difícil, ou preparou o sermão mais complexo e profundo de seu ministério; talvez tenha feito um sacrifício financeiro para ajudar a comunidade local ou utilizou seu tempo no projeto social da igreja, considerando tal feito o melhor que tinha a ofertar. Contudo, o melhor para Deus sempre será o seu coração sem máscaras, não como você acha que deve ser, mas como ele realmente é.

Se você acha que deu o melhor e não foi reconhecido como deveria, se um sentimento de que não valeu a pena lhe invadiu a alma, lembre-se que o melhor para o homem não é o melhor para Deus. Se você faz alguma coisa para ser reconhecido por homens, certamente murmurará. Precisa de mudança? Então ore assim:

> "*Senhor, Tu me conheces melhor do que eu mesmo possa me conhecer. Tu sabes das minhas motivações e sondas o meu coração. Se tenho sido incrédulo, murmurador e indiferente ao Teu amor, perdoa-me! Ajuda-me a ter um coração como o do Teu Filho, Jesus, pois eu não quero trazer desonra ao Teu nome. Tudo o que eu fizer, seja para Ti. Não permitas que eu mesmo me torne um empecilho para a Tua ação em minha vida, por isso, mostra-me se tenho agido mal. Apelo para Tua misericórdia e graça. Ajuda-me, Senhor, a ser constante em minha fé, e que da minha boca só saiam palavras de gratidão e abençoadoras. Amém!*"

Agora, se você tem vivido segundo a vontade de Deus, confiando a Ele o leme de sua vida, tenha certeza de uma coisa: podem até surgir ondas gigantes em alto mar, das quais você não possui controle algum, mas, enquanto você se ajoelha em sinal de confiança e rendição, o Senhor se levanta com poder, ordenando aos ventos e às águas que sosseguem!

Acredite, você é capaz de dizer em toda e qualquer situação: Louvado seja o meu Senhor! Não há barreiras que o meu Deus não possa derrubar! Não há tempestade que o meu Pai não possa acalmar! Não há problema difícil que o meu Senhor não possa resolver! Não há nada impossível para Deus! Não há milagre que o meu Jesus não possa operar, pois o maior milagre fez por mim e em mim, dando Sua vida na cruz pelos meus pecados! Deixou Sua glória e me escolheu... Louvado seja o Senhor, pelos séculos dos séculos. Amém!

O Pai continua de braços abertos, mãos estendidas e com um convite amável no olhar: "Vinde a mim todos que estais cansados e sobrecarregados, e Eu vos aliviarei." (Mateus 11:28).

Capítulo 7

Minha Fraqueza, Minha Fortaleza

"Então, Ele me disse: A minha graça te basta, porque o poder se aperfeiçoa na fraqueza. De boa vontade, pois, mais me gloriarei nas fraquezas, para que sobre mim repouse o poder de Cristo. Pelo que sinto prazer nas fraquezas, nas injúrias, nas necessidades, nas perseguições, nas angústias, por amor de Cristo. Porque, quando sou fraco, então, é que sou forte"
2 Coríntios 12:9, 10

Apesar de ser ideal, o meio-termo é o estado menos frequentado, a meta menos atingida e o sonho menos realizado. Todos nós possuímos tendência temperamental para algum extremo, seja o da inferioridade ou o da superioridade. Ansiedade, arrogância, impaciência, ganância e a lei "passe por cima de todos, mas chegue ao topo" têm sido uma constante na estressada e tumultuada sociedade em que vivemos.

Mas, há também aqueles que se escondem em suas cavernas. O motivo? Acham que qualquer um é melhor do que eles. Desconsideram os próprios valores. Na verdade, julgam nem possuí-los. Talvez, em algum dia, nos primeiros anos de suas vidas, tenham sonhado com a realização profissional, emocional, sentimental ou até mesmo espiritual, porém, alguém disse que eles não eram bons o suficiente, nem mesmo para sonhar! Uma catástrofe? Um sonho jogado na lama? Possivelmente! Mas o pior estava por vir. E veio! Acreditaram em tais palavras, e hoje vivem afogados no vazio, lutando para amar a si mesmos!

É raro alguém que, em todos os aspectos de sua vida, tenha domínio próprio e temperança. Não falo agora em termos espirituais, pois neste aspecto as questões são bem definidas, não sobrando espaços para meios termos. Ou você é de Cristo ou do diabo. *"Ninguém pode servir a dois senhores, porque ou há de aborrecer-se de um e amar ao outro, ou se devotará a um e desprezará o outro. Não podeis servir a Deus e às riquezas."* (Mateus 6:24). Ou você caminha na rampa em direção ao céu, ou desce cego a ladeira do inferno. *"Quem crê e for batizado será salvo; quem, porém, não crê, será condenado."* (Marcos 16:16). Ou você ama a Deus, ou o mundo. *"Não ameis o mundo nem as coisas que há no mundo. Se alguém amar o mundo, o amor do Pai não está nele."* (1 João 2:15). Não é sobre tais decisões cruciais que discorro agora. Antes de adentrarmos nesse nível específico, quero falar sobre reações humanas, baseado num resumo simplificado de um estudo psicológico, visto que, por mais espiritual que alguém seja, ele sempre estará sujeito às reações naturais de seu temperamento.

Geralmente, podemos determinar algumas reações pelo tipo de temperamento predominante. O sanguíneo é amoroso, extrovertido, prestativo e crédulo, mas também é inquieto, impaciente, inconstante, arrogante e, muitas vezes, é dono de começar e não terminar. O fleumático já é bem calmo, perfeccionista, paciente, mas também pode ser introvertido e irônico. O melancólico costuma ser sensível, fiel, perfeccionista e muito determinado, mas tem que, diariamente, lidar com seus sentimentos de inferioridade. Torna-se muitas vezes introvertido, desconfiado e depressivo. Os grandes artistas apresentam muitas características deste temperamento. Já o colérico é muito determinado, confiante, idealizador e detalhista. Mas também é por demais incrédulo e insensível. Os grandes estadistas, governantes e empresários apresentam traços coléricos. É natural que apresentemos características dos quatro temperamentos, com destaque para dois deles e predominância de um.

Este estudo psicológico extremamente simplista sobre o comportamento humano foi de fundamental importância na minha formação. A leitura do livro *Temperamentos Transformados*, de Tim Lahaye, ainda na adolescência, foi um divisor de águas. Por quê? Bem... Sempre fui muito extrovertida. Conversava muito e, consequentemente, sempre acabava falando demais! Acreditar no que diziam as pessoas? Um dom! Ou falta de sagacidade. Quer saber um pouco sobre mim, com direito a detalhes bem particulares? Pergunte-me e converse comigo meia hora, é o suficiente! Vamos começar a trabalhar em um projeto novo? É comigo mesma... Até que apareça algo mais interessante! Com todo esse meu otimismo e alvoroço, muitas vezes desejei ser mais calada, reservada, paciente, determinada e introvertida.

Depois desse livro, aprendi a me aceitar e gostar do meu jeito, mesmo com todos os defeitos indesejáveis, ciente agora de que poderiam ser trabalhados. Então, percebi que muitos fleumáticos querem ser sanguíneos! Muitos coléricos desejam ser melancólicos, e estes almejam ser os anteriores.

Bem parecido com a história do sol e o vagalume. O vagalume queria ter o brilho da estrela e esta, por sua vez, queria ser como a lua. A lua desejou ter o brilho do sol, e o sol desejou ter a vida simples de um vagalume. É sempre assim... Um querendo ter o brilho do outro. Mas, na verdade, quando se trata de pessoas e temperamentos, o que queremos não é o temperamento em si... mas apenas as suas qualidades, pois desejar o temperamento significa desejar qualidades e defeitos. O segredo é aprendermos a admirar e valorizar nossas qualidades, buscar desenvolver as virtudes que nos faltam e despontencializar nossos defeitos. E como detestamos nossos defeitos! Fazemos cara feia para eles, e a sensação de humilhação é terrível quando não conseguimos escondê-los.

Estamos sempre fugindo da necessidade do confronto! Quando descansamos iludidos, achando que nos deixaram em paz... quem está à espreita na próxima curva? Ele, o indesejável! Quando ele nos domina, tentamos fingir que nada aconteceu. Muitas vezes, somos convencidos de que mais uma recaída não faz mal, afinal, ninguém é perfeito! Parecemos crianças querendo devorar o bolo de chocolate proibido. Com olhos brilhantes e fome descomunal, primeiro passamos o dedo na cobertura. Quem vai perceber? Depois, vamos mais fundo. Uma lasquinha... Acidentes acontecem, não é mesmo? E, quando nos damos conta, a metade do bolo já era! Assim, na tentativa de preservar o próprio ego, falamos sem pensar ou somos irônicos, insensíveis, egoístas e arrogantes!

E, na construção do eu, onde a personalidade é a essência, podar os excessos e enxertar os vazios é como esculpir a beleza no mármore. É nobre e necessário se queremos evoluir em todos os aspectos. O trabalho é penoso, diário e os resultados são a longo prazo. Aperfeiçoamo-nos diante de cada situação que a vida impõe.

Meu ponto de partida foi assumir meu jeito falante e extrovertido de ser! Contudo, no decorrer de alguns acontecimentos, aprendi a ficar calada nas horas certas. É questão de aguçar a percepção e entender que há horas convenientes para algum comentário, e há horas próprias para o silêncio! Também aprendi a ser mais reservada. Passei a apreciar o silêncio. Terminar o que começo tem sido um desafio e, graças a Deus, muitas vezes vencido! Sei que estou menos ansiosa que há algum tempo, mas é claro que isso não inclui esperar o ônibus e muito menos uma pessoa que se atrasa meia hora em relação à hora marcada! Até hoje isso é terrível pra mim!

Considero este assunto de suma importância. Por quê? A resposta é simples! Como dito anteriormente, é o temperamento que define o comportamento do homem frente às diversas situações e, naturalmente, quando este é chamado por Deus! Talvez você já tenha feito sua decisão por Cristo. Mas a vida espiritual é dinâmica. Você nasceu de novo e agora precisa crescer! Precisa deixar que sua vida seja um instrumento, a fim de que a salvação se torne possível a outras pessoas. Como Paulo nos adverte: *"andemos de acordo com o que já alcançamos"* (Filipenses 3:16). Na nova vida que temos em Cristo não somos destituídos dos defeitos de nosso temperamento. Precisamos vencê-los a cada dia!

Será que Deus escolhe seus servos como num restaurante *self service*, optando pelos que possuem o melhor temperamento? Certamente, não! Primeiro porque não existe um temperamento melhor do que o outro. O que existe é a poderosa ação do Espírito Santo na transformação destes temperamentos, agindo no controle dos defeitos e na potencialização das qualidades. Segundo, o Senhor, melhor do que ninguém, conhece os defeitos e qualidades de cada um de nós, sabendo exatamente como nos tratar.

Se sentir superior ou inferior é uma fraqueza! Falar o que não deve ou deixar de falar o que deveria ser dito também é uma fraqueza. Ser ansioso demais ou omisso da mesma forma não recebe outro nome: é fraqueza! Todos nós temos que encarar a realidade. Somos cheios de fraquezas, sejam elas visíveis ou não, sejam elas dotadas de arrogância ou de falsa humildade. Somos falhos! Imperfeitos! Indiscutivelmente destituídos da original glória de Deus! E, ainda sim, há aqueles que se consideram sem falhas. Indispensáveis! Por seus "grandes feitos", batem no peito e dizem: *"Deus não pode me castigar!"*. E esses tipos de pessoas sempre acham que estão sendo consumidos sem causa.

Há também os que ignoram o amor de Deus e Seu instinto paternal. Se cobrem de autopiedade e desconsideram a capacidade de Deus em poder realizar grandes coisas através de suas vidas! Vivem se perguntando: *"Quem sou eu?"*. E eles mesmos respondem: *"Nada!"*. Realmente, não temos por nós mesmos razão para achar que somos alguma coisa! Mas, quando nos colocamos atrás da cruz, somos feitos filhos de Deus! É nesse lugar que nos deparamos não apenas com a esperança, mas com a certeza de que Ele nos ama como Seus filhos! Seja você sanguíneo, fleumático, melancólico ou colérico, através do sangue de Jesus você se torna nada mais, nada menos do que filho amado de Deus! Agora, podemos avançar um pouco mais!

Evitando o Sofrimento Através do Autoconhecimento

As reações ao chamado de Deus podem ser diversas. Alguns acham que foram escolhidos porque são bons e indispensáveis. Consideram-se mais santos que os demais e pensam que Deus tem a obrigação de abençoá-los por passarem horas em oração e jejum. Veem-se como merecedores. Podem até serem ótimos trabalhadores, mas realizam suas "tarefas espirituais" por motivos errados. Muitas vezes, falam demais e fazem de menos!

Outros, escondem-se como pérola no crustáceo ou se camuflam como rochas sob águas profundas. Vivem de lamentos. Falam que não são capazes. Esquecem que a capacidade quem dá é o Senhor e acabam pecando por omissão. São os que a Bíblia denomina covardes. Veem-se pequenos e esquecem que a grandeza, a força e o poder vêm do Senhor. São desconfiados e, muitas vezes, incrédulos.

Há também os conscientes quanto ao chamado de Deus em suas vidas. Sabem que não são merecedores, mas também já experimentaram o que a glória de Deus pode fazer através de um homem rendido ao Senhor. O problema é que endureceram o coração na própria força e sabedoria, e agora resistem renunciar determinadas posturas e pecados que não condizem com a santificação do autêntico servo de Deus. Enxergam apenas a misericórdia de Deus, deixando de lado tudo o que diz respeito à santidade e justiça.

Há os que não ousam dar um passo que ultrapasse o estado da comodidade. Não se esforçam para alimentar o espírito e se deixam vencer diariamente pela carne. Até possuem um coração quebrantado, mas são inconstantes! São os típicos usuários da frase: *"Deus vê o coração"*. E eles não estão errados em dizer isto, porém, não se preocupam quando trazem desonra ao nome do Senhor, desconsiderando o grande valor de um bom testemunho pessoal.

E, infelizmente, há aqueles que ainda não tiveram uma visão espiritual de si mesmos e nem da obra de Deus através da sua igreja e de cada membro em particular. Chegam a dizer que não têm obrigação nenhuma, porque Deus nunca lhes revelou pessoalmente o que devem fazer. Adiam sempre sua própria contribuição ao Reino para o amanhã que nunca chega! São os chamados "crentes de banco". São improdutivos e egoístas, pois, plantados em qualquer lugar, não produzem frutos e as sementes ao seu redor vão morrendo por falta de sombra e água.

Radical? Duro demais? Acho que não! Enquanto não encaramos nossas fraquezas e os reais motivos pelos quais nos esquivamos de realizar a obra do Senhor, não podemos ter vitória sobre elas. Temos que confrontá-las. Necessitamos confessá-las ao Senhor. É necessário admitir nossa carência de mudança! Ou fazemos isso, ou então morreremos em nosso orgulho ou autopiedade hipócrita! Quando o homem não atende a voz de Deus e nem atenta para o que fora para ele planejado, sofre as consequências de sua desobediência. Se não utiliza os dons recebidos para a missão original, sofre a frustração e a dor de um vazio interior que não pode ser preenchido, a não ser no centro da vontade de Deus. Isso pode ser amenizado, e até mesmo evitado, se admitirmos o que está nos impedindo de atender o chamado divino.

Paulo enfrentou sua religiosidade e reconheceu que precisava ser mais do que um judeu religioso e praticante da lei... Ele precisava ser espiritual. Arrebentou seu castelo de conceitos e morros de orgulho. Confessou e entendeu que dependia totalmente da graça do mesmo Jesus a quem tinha perseguido! A vida de Paulo é uma clara evidência da diferença que há entre religiosidade e espiritualidade. Religiosamente, Paulo preenchia todos os requisitos. Ele mesmo avaliou-se do ponto de vista religioso: *"Bem que eu poderia confiar também na carne. Se qualquer outro pensa que pode confiar na carne, eu ainda mais: circuncidado ao oitavo dia, da linhagem de Israel, da tribo de Benjamim, hebreu de hebreus; quanto à lei, fariseu, quanto ao zelo, perseguidor da igreja; quanto à justiça que há na lei, irrepreensível. Mas o que para mim era lucro, isto considerei perda por causa de Cristo."* (Filipense 3:4-7).

Dentro desse contexto, é interessante também diferenciarmos fervor de espiritualidade. Nas palavras de Walter Brunelli:

É possível ser fervoroso e ao mesmo tempo carnal, mas jamais alguém será espiritual sem deixar de ser carnal... Como sugere a própria palavra, o fervor descreve uma devoção calorosa, extrovertida e bem típica das reuniões pentecostais em que se ouvem línguas estranhas e profecias; as orações são livres, unânimes e em alta voz. Por sua vez, a espiritualidade descreve a conformação do crente com a natureza divina, na qual ganha ele cada vez mais afinidade com o pensar, o sentir e o agir de Cristo. O apóstolo Paulo aconselha: "*Sede fervorosos no espírito*" (Romanos 12:11). O fervor cabe muito bem dentro da espiritualidade; feliz é o crente fervoroso. Se, todavia, não cultivar o progresso da sua espiritualidade, seu fervor poderá tornar-se mecânico, emocionalista, habitual e, subsequentemente, carnal. Este é o crente que, no ambiente do culto, se sobressai pela eloquência de sua devoção, mas em casa é iracundo; no relacionamento com os outros, mostra-se egoísta, intolerante, agressivo, maledicente e nos negócios, desonesto. Um crente espiritual jamais procederá assim.

O desenvolvimento do fervor é favorecido e agilizado num ambiente onde se dá vazão a ele, enquanto que a espiritualidade é um estado de vida, cujo cultivo se dá a longo prazo. É paulatino. Seus métodos são a Palavra, a oração, o quebrantamento, as transformações de "fé em fé" e de "glória em glória". Lutas, provas, tribulações, lágrimas e sofrimento fazem parte do seu conteúdo. O fervor pode ser transitório, mas a espiritualidade é duradoura. Ser espiritual é construir a casa sobre a rocha.

Cientes do que é espiritualidade e de que dentro do que é espiritual estão pessoas diferentes, com reações diversas, podemos traçar um mapa mais concreto em caminho à verdadeira espiritualidade. Paulo prosseguiu em direção do perfeito, mudando seus conceitos e utilizando os pontos fortes de sua personalidade, antes utilizados para perseguir a Igreja, para benefício do Reino de Cristo. Pelo que podemos analisar, Paulo era de temperamento colérico. Determinado e, em muitas vezes, até insensível. Mas, transformado pelo Espírito Santo, conservou sua disciplina e determinação, sem que para isso se tornasse insensível. Paulo era um homem espiritual, mas também lutava contra as suas fraquezas. Seria diferente comigo e com você? Seja para o extremo da soberba e da arrogância, ou para o extremo da desvalorização da própria vida, todos enfrentamos a dura realidade... Somos falhos!

E se pudéssemos nascer de novo? Com certeza faríamos tudo diferente! Provavelmente faríamos outras escolhas e tomaríamos outros rumos, mas das fraquezas não há como fugir. Poderíamos ter a chance de escolher qualquer temperamento só para comprovar que nenhum deles escapa. Todos estão sob o jugo do pecado. As fraquezas nos acompanham, mesmo sendo indesejáveis.

Ao se dar conta da realidade, percebendo que não pode negar sua própria natureza, o homem pode reagir de formas distintas. Sabendo que Deus é Santo, e enxergando sua própria indignidade, pode revoltar-se e rejeitar a disciplina do Senhor. Talvez escolha afundar-se em remorso e em seu desconhecimento sobre quem, de fato, Deus é, e Seu modo soberano de transformar o falho e imperfeito. Ou oferece, mesmo sem poder compensar, sua vida em gratidão, descobrindo, enfim, a verdade que todos precisam saber.

Quem escolhe entregar-se a Deus, como Paulo, não se lamenta sobre o tempo perdido, mas olha com esperança para o tempo futuro e emprega tudo o que tem na missão de resgatar outras pessoas de seus abismos profundos!

Cientes do mundo complexo, profundo e particular do nosso eu, através da ótica espiritual, podemos admitir que, mesmo cheios de falhas, temos as qualidades que permanecem em nós pelo vislumbre da imagem de Deus que ainda restou. Se as virtudes são mínimas, o Espírito Santo é quem ajuda a frutificar o que falta, e torna mais intenso e autêntico o amor, raiz de sustentação das demais qualidades. Isso não significa que, vez ou outra, uma folha não caia, um fruto não consiga se sustentar ou que até mesmo um galho inteiro seja arrancado do tronco. Durante a tempestade, a árvore pode até balançar. Importa que o tronco siga firme, recebendo da terra o que verdadeiramente produz vida! Já pensou se toda vez que uma árvore visse um fruto cair, entrasse em processo de decomposição e deixasse de viver pela morte daquilo que já passou? É isso mesmo... Não existiriam mais árvores no planeta! Se deixassem de viver como forma de lamento por causa das folhas levadas pelo vento ou pelos frutos caídos, se privariam de viver a beleza das demais estações, de experimentar outros climas e de oferecer sombra a muitas outras vidas.

E quando um golpe mortal é desferido contra a árvore? Qual é a reação da árvore que tem sua coluna de sustentação atingida? Em Jó 14:6-9, encontramos o raio mais brilhante de esperança: "*Porque há esperança para a árvore, pois, mesmo cortada, ainda se renovará, e não cessarão os seus frutos. Se envelhecer na terra a sua raiz, e no chão morrer o seu tronco, ao cheiro das águas brotará, e dará ramos como a planta nova.".* A vida não jorra do que recebemos externamente, mas, sim, brota do interior. O Espírito de Deus traz vida. Mesmo com tudo que nos acontece, podemos conservar a verdadeira vida dentro de nós.

Muitos deixam de viver para Deus quando passam a olhar apenas para as circunstâncias ou para si mesmos. Não se perdoam, não se aceitam, não se permitem amar e ser amados e acabam por desistirem de si mesmos e do que Deus tem para suas vidas. O Pai continua de braços abertos, mãos estendidas e com um convite amável no olhar: *"Vinde a mim todos que estais cansados e sobrecarregados, e Eu vos aliviarei."* (Mateus 11:28).

Ele não desiste de você! Permita que o Pai enxugue tuas lágrimas, leve tuas dores, retire dos teus ombros o jugo do pecado e transforme o teu interior. Sua abundante graça está estendida sobre nós. Jesus morreu para nos perdoar! Quando se entregou na cruz, não olhou para homens perfeitos. Olhou para nós! Quando se despojou de Sua glória e desceu à terra, não olhou para corações sadios e almas tranquilas, mas olhou para corações feridos e almas aflitas! Ele não olhou para anjos, arcanjos e querubins! Aceite esta verdade: Ele olhou para você! Olhou para a humanidade caída! Olhou para mim! E quando nasceu naquela estrebaria em Belém, desejou também nascer e ser formado em cada um de nós.

Você já admitiu ter falhas? Já caiu em si e verdadeiramente viu que não é capaz por si só? Já confessou que, mesmo diante do mundo considerado um bom homem, diante de Deus é simplesmente um miserável pecador? Pois deixe-me ter o prazer de repetir essa maravilhosa verdade: da mesma forma que nossos defeitos são reais, a graça de Deus também é. Se você admite que em si mesmo nada pode fazer, também pode assumir sua nova identidade em Deus: filho amado, adquirido e comprado por um alto preço! Se você tem consciência de que, enquanto estiver habitando em um corpo carnal, sempre será acompanhado de falhas, também pode admitir que o sangue de Jesus lhe purifica de todo o pecado: *"Agora, pois, já nenhuma condenação há para os que estão em Cristo Jesus. Porque a lei do espírito da vida, em Jesus Cristo, lhe livrou da lei do pecado e da morte."* (Rm. 8:1, 2). O acusador sempre tentará lembrar que não somos capazes, até mesmo através de pessoas queridas. Mas, nas Escrituras, somos convidados a lembrar que a última palavra é do Senhor.

Se quem pagou o preço por você te aceita, então você também pode se aceitar! Diante do quadro geral da redenção, passamos a ansiar sermos habitados pela índole de Deus. Quando aceitamos a justificação como uma realidade garantida pelo sacrifício perfeito na cruz, encontramos o caminho para reverter a situação. A cada passo, nos tornamos mais dependentes de Deus e de Sua misericórdia. Comprovamos que nossos méritos não nos aproximam da salvação. Ela já foi realizada. Deus é a mão, e nós somos apenas a luva! Ele é a força! *"Temos, porém, este tesouro (a força, a glória, e o poder de Deus), em vasos de barro, para que a excelência do poder seja de Deus e não de nós"* (2Co. 4:7, *parêntese meu*).

Charles Stanley fala o seguinte sobre nossas fraquezas: *"sua pior fraqueza é a maior oportunidade de Deus. Ele escolhe as coisas fracas do mundo. Quando Ele usa o que é fraco, Sua força e poder tornam-se muito mais evidentes."*.

Você pode considerar sua fraqueza como a ausência de uma habilidade, porém, o Senhor pode suprir toda e qualquer ausência de habilidades com a glória de Sua presença, ou trazendo à existência habilidades que não existiam. Talvez sua fraqueza esteja na dificuldade de superar um espírito de inferioridade e ter aumentada sua confiança no amor dAquele que o resgatou. Quanto a isso, o Senhor o conduzirá ao caminho da cruz a cada dia. Quem sabe nas primeiras caminhadas você olhe para si mesmo pela força do hábito, mas chegará o tempo em que seu olhar não mais se direcionará a você mesmo; todo seu ser estará voltado à cruz do calvário e este amor transbordará em todas as áreas de sua vida, e nunca mais se sentirá desamparado.

Quem sabe sua fraqueza seja falta de mansidão e uma arrogância sem más intenções, que, porém, sempre acaba afastando ou ferindo quem você ama. O Senhor não te desprezará. Te amará intensamente e, no momento da dor, saberá atrair sua atenção para toda a mansidão e bondade de Seu único Filho. O perfume de Cristo ficará em você, e aqueles que um dia foram afastados por palavras impensadas voltarão atraídos pelo doce aroma de sua vida e pela doçura de suas palavras.

Quando entregamos nossas vidas por completo ao Senhor, Ele nos transforma! Alguns se martirizam por terem defeitos e acham que se ainda apresentam fraquezas é porque não são espirituais. Entenda que as falhas fazem parte. Mudam de pessoa para pessoa. Cada caso é um caso; cada temperamento tem suas qualidades e defeitos! Somos diferentes, por isso nos completamos! Deus é perfeito em tudo o que faz. Ele, melhor do que ninguém, sabe lidar com qualquer tipo de temperamento. Ele preza por nossas qualidades, e não pelas falhas. Querer crescer em amor já é um grande passo para se alcançar maturidade espiritual, mas, lembre-se: essa maturidade depende de sua entrega ao controle do Espírito Santo.

Não fique achando que está sofrendo sem causa, quando, por uma falha sua, tiver que enfrentar as consequências. Isso acontece com todo mundo... até no reino vegetal. O que se planta, colhe! Para quem tem Deus no coração e para quem não tem, a regra é a mesma! Além do mais, é aceitando a disciplina do Senhor que seremos moldados. Quando nossas forças terminam, Seu grande poder é demonstrado. Nossa fraqueza é a lacuna que Ele supre, a fim de que Seu nome seja glorificado. Se temos um espinho na carne ou um defeito que, mesmo sendo superado a maior parte do tempo, continuamente nos é jogado na cara por outras pessoas, que sejamos capazes de aceitar com alegria as palavras do Senhor: "*A minha graça te basta!*".

Penso em como Paulo sofreu a culpa de ter sido um dos responsáveis pela morte do primeiro mártir cristão. A imagem de Estevão sendo apedrejado devia ser constante em sua mente. Paulo recebeu o perdão divino, mas deve ter sido lembrado deste fato durante toda sua vida, por pessoas, palavras e imagens. Conheci pastores que defendem a tese de que a culpa era o espinho na carne de Paulo. Sendo a culpa ou algum tipo de doença física, o importante nesta história é que o espinho se fazia necessário por uma razão: Paulo era um ser humano como qualquer um de nós e, como ele mesmo disse, para que não se gloriasse!

Nós também somos assim. Deus, muitas vezes, permite que nos deparemos com nossas faltas para lembrar-nos que a glória pertence a Ele! Que não há nada que tenhamos que não tenha sido recebido. Minha fraqueza pode ser um defeito embutido em meu temperamento ou a ausência de uma habilidade específica. Seja ela qual for, posso alegrar-me! Minha fraqueza dá espaço para a evidência do poder de Deus. Você pode sentir o mesmo? A chuva da graça divina? O toque de amor? O abraço de perdão? O presente da salvação? A água da vida jorrando do seu interior? Eu posso... desde quando pude afirmar ser a minha fraqueza, minha fortaleza.

Tenha misericórdia... ela te alcança todos os dias!
Tenha amor... ele te cerca por toda parte!

Capítulo 8

SMD - Síndrome da Manteiga Derretida

"Ao aflito deve o amigo mostrar compaixão"
Jó 6.14ª

Sensibilidade é uma virtude valiosa, mas é necessário termos em mente seu verdadeiro significado. O que, de fato, é sensibilidade? Como podemos identificar uma pessoa sensível, compassiva e misericordiosa? Tal virtude é inerente ao ser humano ou é algo que pode ser desenvolvido?

A sensibilidade não se limita a um emocionalismo choroso e superficial. Ela faz sentirmos a dor de outra pessoa como se fosse nossa própria dor. Sensível às necessidades físicas e espirituais de uma humanidade imersa no pecado, Jesus fez-se homem para resgatá-la da condenação eterna. Durante Seu ministério terreno, a Bíblia relata diversas situações em que Ele se compadeceu das multidões ou de alguém em particular. Sua marca foi a misericórdia, e Sua gentileza O diferenciava. Sensibilizava-se com os maiores e menores problemas das pessoas que O procuravam em busca de ajuda. *"Ao desembarcar, viu Jesus uma grande multidão e compadeceu-se deles, porque eram como ovelhas que não têm pastor. E passou a ensinar-lhes muitas coisas."* (Marcos 6:34). *"Desembarcando, viu Jesus uma grande multidão, compadeceu-se dela e curou os seus enfermos."* (Mateus 14:14). *"Então, Ele clamou: Jesus, filho de Davi, tem compaixão de mim! E os que iam à frente o repreendiam para que se calasse; ele, porém, cada vez gritava mais: filho de Davi, tem misericórdia de mim! Então, parou Jesus e mandou que lho trouxessem. E tendo ele chegado, perguntou-lhe: Que queres que Eu te faça? Respondeu ele: Senhor, que eu torne a ver. Então, Jesus lhe disse:*

Recupera a tua vista; a tua fé te salvou." (Lucas 18:38-42).

Jesus não foi compassivo apenas com Seus seguidores, mas também o era com os que Lhe rejeitavam. Sentimos Sua tristeza no lamento por Jerusalém, registrado em Mateus 23:37: "*Jerusalém, Jerusalém, que matas os profetas e apedrejas os que te foram enviados! Quantas vezes quis eu reunir os teus filhos, como a galinha junta os seus pintinhos debaixo das asas, e vós não o quisestes!*". Não apenas lamentou por Jerusalém, como também chorou por ela. "*Quando ia chegando, vendo a cidade, chorou e dizia: ah, se conheceras por ti mesma ainda hoje o que é devido à paz! Mas isto está agora oculto aos teus olhos.*" (Lucas 19:41, 42). Jesus se entristecia com a dureza dos corações. Também se comovia com o sofrimento de seus amigos. "*Quando Maria chegou ao lugar onde estava Jesus, ao vê-lo lançou-se-lhe aos pés, dizendo: Senhor, se estiveras aqui, meu irmão não teria morrido. Jesus, vendo-a chorar, e bem assim os judeus que a acompanhavam, agitou-se no espírito e comoveu-se. E perguntou: Onde o sepultastes? Eles lhe responderam: Senhor, vem e vê! Jesus chorou.*" (João 11:32-25).

O Mestre da sensibilidade (definição precisa de Augusto Cury), ao realizar milagres, não limitava Seu agir ao físico do agraciado. Procurava, principalmente, sarar a alma enferma. Alguns consideram a enfermidade física como o pior de todos os males. Não há como negar todos os transtornos causados por uma grave enfermidade. Porém, é fácil ignorar que há feridas mais profundas, que de imediato somos incapazes de diagnosticar, que maltratam a alma e retiram do homem todo o prazer de viver. Por vezes oramos em favor da cura de alguém, enquanto Cristo está se utilizando de determinada doença para tratar uma ferida oculta.

E como o Criador é perito no diagnóstico de feridas e chagas ocultas! Seu olhar penetra nos recônditos mais profundos da alma, sanando traumas que nem sabíamos ter. "*Pois tu formaste o meu interior; tu me teceste no seio de minha mãe*" (Salmo 139:13). Com sabedoria e amor, graça e poder, Jesus sarava não apenas o corpo apodrecido, mas o coração leproso, maltratado pelo pecado e ferido pela rejeição. Não apenas ordenava ao mar e ao vento que se acalmassem, mas também apaziguava a alma atormentada e o espírito aflito. Não apenas oferecia perdão aos excluídos, como também restaurava a moral decaída e transformava o ego ferido. Jesus não apenas entrou nas casas dos pecadores e publicanos, mas, com a força de Seu exemplo, os transformou em homens piedosos, lhes confiando o anúncio de Seu reino. Jesus sabia que cura física sem restauração interior era o mesmo que adornar sepulcros caiados e fétidos. Beleza por fora e podridão por dentro!

Muitos não compreenderam o tipo de Reino que Cristo veio instaurar na terra. Esperavam um libertador político que libertasse o povo judeu do jugo opressor de Roma. Mas Ele veio nos libertar do pecado. Sua preocupação era com a necessidade espiritual dos homens. Via além do que os outros podiam ver. Enxergava por trás das fraquezas. Não via o que faziam. Fossem prostitutas, publicanos, fariseus, leprosos ou pescadores, Ele via almas com profunda sede de Deus. Almas carentes de salvação. Almas preciosas, pelas quais deu Sua própria vida.

Sou Sensível ou Egoísta?

A melhor forma de identificarmos a qualidade de nossa sensibilidade é comparando-a com a sensibilidade suprema e perfeita de Jesus. Não que possamos nos igualar a Ele, porém, é o alvo que buscamos e o modelo de sensibilidade pelo qual devemos nos guiar. A verdadeira sensibilidade revela-se através de atos. E através dos atos de Cristo podemos identificar duas características essenciais da sensibilidade genuína:

1. A verdadeira sensibilidade está alicerçada no amor, não excluindo a verdade e a justiça. Cristo ama os pecadores, deu Sua vida por eles e o Espírito Santo trabalha para santificá-los, mas Cristo também abomina o pecado. Sua sensibilidade não O impediu de ser franco e duro quando necessário. Sabia que a repreensão era oportuna em muitos casos, e a verdade sobre a natureza e motivações dos nossos atos não podia simplesmente ser deixada de lado. Quando queremos o bem do próximo, desejamos ver nele a comunhão com o Criador restaurada. Assim como Cristo, devemos entender que alguém em trevas assim está porque talvez nunca tenha sido apresentado à Luz. Somos realmente sensíveis quando entendemos o quadro completo. Muitos que estão imersos na escuridão, ali estão porque creem não haver opção. Muitos deles não acreditam que exista amor porque ninguém nunca lhes ofereceu amor. Agem com injustiça porque nunca lhes apontaram o caminho da retidão. Não podemos considerar as ofensas destas pessoas como pessoais, afinal, um ramo que não está ligado à videira verdadeira, que é Cristo, não tem capacidade natural de gerar bons frutos.

Enquanto escrevia este capítulo, estava sendo amplamente explorado nos noticiários o caso da menina Isabella, brutalmente assassinada e jogada do alto de uma janela. No dia em que Alexandre Nardoni, pai de Isabella, e Ana Carolina Jatobá, madrasta da mesma, receberam ordem de prisão preventiva, uma grande aglomeração de pessoas se formou em frente à casa do casal, todos gritando, reivindicando justiça. Pela televisão, acompanhamos o trajeto do casal por várias delegacias, em decorrência da rejeição que Alexandre e Ana Carolina estavam sofrendo, até mesmo dos outros presidiários. Algumas imagens mostraram a alegria do povo e as comemorações realizadas quando a prisão foi efetuada.

Não quero aqui defender o casal e considero muito a dor da mãe de Isabella. Mas a situação dos possíveis assassinos da criança, mesmo se afirmando que a justiça está sendo feita, não é motivo de comemoração. A história deles é triste. Sendo ou não culpados, é angustiante ver até que ponto o homem pode ir na prática do mal. É motivo de lamento ver até que ponto Satanás cegou o entendimento das pessoas, fazendo-as cometerem atos irracionais, sem que elas considerem as consequências, não só enquanto viverem aqui na terra, mas por toda a eternidade. É realmente dramático ver o que eles fizeram a si mesmos.

A mãe de Isabella certamente está sofrendo com a perda da filha, mas ela aprenderá a conviver com a dor e, quem sabe, da mesma tirar forças para abraçar uma causa e ajudar futuramente outras mães que sofrerão ao perderem seus filhos para a violência. O casal não! Eles sempre serão apontados! Acusados! As próprias pessoas não os deixarão esquecer. Provavelmente, a liberdade dos dois lhes será tomada, e tudo isso por consequência do pecado. Andarão como Caim, que assassinou o próprio irmão: errantes pela terra! Marcados para sempre! Precisamos aprender com o Mestre da sensibilidade a enxergar o pecador além do pecado.

O Dr. C. Everett Koop, respeitado médico norte-americano, converteu-se já adulto, apresentando, contudo, uma fé bastante sólida na soberania de Deus. Koop criou técnicas pioneiras para salvar e curar bebês prematuros e defeituosos. Era um defensor da vida. Fez declarações francas sobre sua posição em relação ao aborto, direito das mulheres e homossexualidade. A indicação de Koop por Ronald Reagan em 1980, para ser chefe da Saúde Pública, pela primeira vez na história centenária da Associação de Saúde Pública dos Estados Unidos, desencadeou um protesto contra a indicação do mesmo. Recebeu os escárnios de toda uma população.

Porém, contra todas as dificuldades, C. Everett Koop finalmente conseguiu o cargo de chefe do Departamento de Saúde, emergindo como um dos mais atuantes e admirados servidores públicos da nação. Ele ocupou este cargo em um período turbulento, não apenas para a nação norte americana, mas para todo o mundo, quando identificaram o surgimento de uma das maiores epidemias da atualidade: a Aids! Por ser evangélico, praticamente todos esperavam um relatório injurioso e moralista do médico. Muitos grupos religiosos exigiram o abortamento de pesquisas para a descoberta da cura, ao passo que os líderes dos direitos gays eram abertamente céticos quanto ao fato de esperarem alguma ajuda por parte do governo. Koop pediu que lhe fosse dada autoridade para preparar sozinho o relatório e estas foram algumas de suas palavras:

> "No começo da epidemia de AIDS, poucos norte-americanos tinham simpatia pelas pessoas contaminadas. O sentimento era de que, de alguma maneira, integrantes de certos grupos mereciam estar sofrendo daquela doença. Deixemos de lado este tipo de sentimento. Estamos lutando contra uma doença, não contra pessoas".

Embora defendesse o sexo apenas dentro do casamento monogâmico, também recomendava o uso de preservativos para todo aquele que tivesse múltiplos parceiros sexuais. Koop deu ênfase de como combater a doença, sem importar-se a quem a doença atingia. Políticos conservadores ficaram revoltados, afirmando que ele havia se afastado dos princípios cristãos. Koop resolveu trabalhar a fim de unir os moralistas e cientistas na luta contra a Aids. Em uma entrevista, admoestou seus colegas cristãos: "*Vocês podem odiar o pecado, mas precisam amar o pecador.*". Embora falasse contra as relações homossexuais, suas atitudes de amor e sensibilidade à situação desta classe que estava sendo atingida pela Aids lhe renderam a admiração dos próprios homossexuais e, certamente, muitas conversões devido às suas atitudes piedosas.

Fomos chamados para levar cura aos doentes. Os sãos não necessitam de médico. Precisamos ser sensíveis à situação da alma de cada um. A sensibilidade de Cristo nos ensina a não retrocedermos em nossas convicções e em nossa fé, mas também ensina, acima de tudo, a amarmos os pecadores e os que agem diferente de nós.

2. A sensibilidade de Cristo dirigia-se ao próximo e não a Si mesmo, ajudando-nos a identificar o tipo de sensibilidade que temos desenvolvido. Jesus importava-se sinceramente com as necessidades dos outros mais do que com as Suas próprias. Usou de compaixão com todos, mesmo não podendo esperar compaixão de ninguém! Cristo entendia o que Lhe estava reservado além da cruz. Ele tinha uma esperança viva. E, a partir do momento em que entendemos o propósito da nossa vida dentro do plano de Deus para o futuro da humanidade, passamos a amar tudo o que diz respeito a Ele, inclusive todo ser humano que é alvo do mais profundo e sincero amor de Deus. Os homens precisam de Deus. Precisam de uma esperança. Estão desorientados, infelizes, impacientes e deprimidos porque estão longe do Criador. Satanás lhes cegou o entendimento e somos nós, através das nossas vidas, que podemos trazer estas pessoas à comunhão original para a qual foram criadas. Temos o que precisamos para seguir adiante.

Uma real sensibilidade se manifesta quando há sincera preocupação com a condição espiritual dos que nos cercam. Genuinamente, somos sensíveis quando amamos as pessoas simplesmente porque são obra do Criador, e não apenas porque se parecem conosco e compartilham de nossas opiniões.

Meu Sofrimento é Legítimo Ou É Consequência do Meu Egoísmo?

Você conhece alguém sensível? O que é sensibilidade para você? É chorar assistindo ao Titanic? É emocionar-se com facilidade em qualquer discurso contendo palavras bonitas e comoventes? É chorar mais do que todos com a morte de um parente? É não poder receber nenhuma repreensão, porque senão os olhos ficam cheios de água? É ser uma manteiga derretida? Ah... Pensou que fosse alguma doença? Talvez! A SMD está mais para uma epidemia dos tempos modernos – "sensibilidade" à flor da pele, onde cada um se preocupa primeiramente, e, muitas vezes de forma exclusiva, apenas com o que é seu. Estamos em uma geração de pessoas que facilmente se ofendem. Mas, fique calmo, a SMD tem cura!

Eu que o diga! Quando criança, nunca precisei apanhar muito, a não ser quando a traquinagem passava dos limites. Tenho por certo que me livrei de umas boas palmadas porque quando iam brigar comigo, bastava falarem: *Késia!*, e, adivinhe? Isso mesmo! *Buááááááááá!* Faltava me afogar em tantas lágrimas! Mais ou menos como a história que o Pr. João Bispo nos contou quando viajávamos para a Fazenda Planalto, na divisa do Piauí com o Ceará.

Um menino muito bagunceiro tirou a mãe do prumo. Já irritada, ordenou que se aquietasse e lhe deu um ultimato: *Olha, menino, se você não tomar jeito, da próxima vez vou te bater até tu rinchar* (o grito do jumento, se é que jumento grita!). Não demorou muito e o menino aprontou mais uma. Quando a mãe levantou o cinturão para bater, o menino logo começou a rinchar! Imagine a cena!

Quando minha mãe precisava me repreender e eu mal a escutava de tanto chorar, ela sempre dizia: *Késia, tu pareces uma manteiga derretida!* Por muito tempo fui tida como alguém extremamente sensível. Mas nunca achei adequado. É verdade que sempre fui muito emotiva. Chorava por qualquer coisa (bem diferente dos dias atuais). Mas, como quem nos julga é a palavra de Deus, fui percebendo que a sensibilidade estava muito aquém do meu conceito superficial e induzido. Através da Palavra, iniciei um processo de autoavaliação. Aderi ao método de Paulo: "*Todavia, a mim mui pouco se me dá ser julgado por vós ou por tribunal humano; nem eu tampouco julgo a mim mesmo. Porque de nada me argui a consciência; contudo, nem por isso me dou por justificado, pois quem me julga é o Senhor.*" (1Corintios 4:4, 5).

Foi quando me dei conta de que sempre chorava comovida com minha própria dor e não derramava uma lágrima sequer pela dor e sofrimento alheio. Sempre "batia o pé" entre lágrimas por me sentir injustiçada, sem parar um instante a fim de considerar o outro lado da situação, me tornando uma pessoa geralmente egoísta e insensível às situações mais críticas ao meu redor. Chorava com uma cena de ficção e não me comovia nem um pouco com um drama da vida real. Chorava por uma pessoa que morria fisicamente, mas meu íntimo não se comovia com a situação de milhares de almas condenadas à morte eterna.

Quando percebi que minha sensibilidade era fajuta e moldada por uma sociedade humanista e individualista, corri aos pés do Senhor e pedi misericórdia! Se meu alvo sempre foi o de agradar a Deus e de amar tudo o que Ele ama, deveria começar a me importar sincera e sensivelmente pelas coisas com as quais Ele se importa. Implorei por mudança e sinto a cada dia esse sentimento crescendo em mim – compaixão! Não é fácil.

Passar a enxergar os problemas dos outros como mais importantes do que os seus é um desafio. Há dias em que não estamos bem e queremos atenção. Quem lida com o público, especialmente, precisa, muitas vezes, passar por cima da própria dor e conservar a simpatia, cortesia e o sorriso no rosto, independentemente de seu coração estar feliz ou ferido. Não estou incentivando o abandono de suas responsabilidades, afazeres e problemas, afinal, é bíblico que você separe um tempo para o descanso e deleite pessoal. O problema é que muitos só vivem para o deleite pessoal. Quero o encorajar a seguir em frente, independentemente da situação, cuidando de si mesmo, estando sempre atento à própria saúde emocional e espiritual, fazendo o que deve ser feito, enfrentando os problemas que são seus, mas sem esquecer-se do propósito de sua vida como filho de Deus, que inclui fortalecer aos aflitos e estender a mão aos desprezados, ainda desconhecedores das verdades eternas.

Nesse ínterim, vale ressaltar a grande necessidade de sabedoria e discernimento, pois encontramos muitos casos de falsa sensibilidade que, na verdade, escondem para os menos entendidos o egoísmo e o desejo de ser o centro das atenções, ou seja, a SMD!

Podemos nos valer de vários exemplos do dia a dia. O líder do conjunto vocal precisa escolher uma solista para um determinado hino e "a fulana de tal" não foi escolhida. A reação? *"Ninguém gosta de mim. Sempre sou deixada de lado. O líder do vocal está me perseguindo"*, além de colocar defeito em qualquer outra solista escolhida. Ou, quem sabe, a turma resolveu realizar uma festa e a "vítima" foi uma das últimas a ser convidada. Você já deve imaginar como é a reação da pessoa portadora da síndrome: *"Sempre sou a última a saber. Esse povo não tem consideração por mim. Me desprezam porque sou pobre. São todos uns mal agradecidos!"*. Chamem o médico... Ela está com SMD!

Outro caso? A mesma turma planejou uma viagem, mas a personagem em questão tem uma prova para fazer. Fala para os amigos que podem viajar tranquilos, mas, no fundo, esperava que eles resolvessem ficar. Eles vão! O que acontece logo em seguida já é esperado: *"Bons amigos esses que eu tenho. Se fosse eu, não teria viajado e deixado um amigo. Não me consideram da mesma forma que eu os considero!"*. A ambulância chega e a mãe logo se adianta: *"Doutor, minha filha sofreu um choque! Ela é muito sensível. Foi deixada de lado pelos amigos. Ela tem motivos para estar assim!"*. O médico olha, examina e dá o diagnóstico: "*Sua filha está com SMD! Não se pôs no lugar dos outros nove amigos. O egoísmo entupiu uma artéria. A falta de amor próprio e ao próximo provocou ciúmes e inveja, porque, na verdade, tudo o que ela queria era estar viajando com eles também. Se algum deles estivesse no lugar dela, certamente não teria deixado de viajar. A cura dessa síndrome depende dela. Leitura da Bíblia e oração são indispensáveis. O Espírito Santo estará à sua disposição 24 horas!"*.

Você já se sentiu abandonado, rejeitado, excluído, humilhado e depois de alguns esclarecimentos percebeu que não era nada disso que você pensava? Se sua resposta é sim, você já teve SMD!

Já esteve do lado oposto da síndrome? Já abandonou, rejeitou, excluiu ou humilhou? Já deixou para trás um velho amigo que realmente precisava de sua ajuda para se divertir e se enturmar com os novos amigos? Rejeitou seu colega de classe porque ele não teve forças pra suportar a separação dos pais e envolveu-se com drogas? Excluiu o irmão da igreja porque ele pecou? Humilhou uma mulher porque, em seu passado remoto, fora uma prostituta? Deixou de falar do amor de Deus porque o homem parecia um mendigo? Se a sua resposta é sim, você foi infectado pela SCP, *síndrome do coração de pedra*.

Onde está manifestada a verdadeira sensibilidade? Fomos chamados para sermos discípulos de Cristo, conhecidos pelo amor. Onde podemos ver, então, manifestas as obras do amor? Amar é ser compassivo com seus familiares e amigos? Amar é ser bondoso com os saudáveis e simpático com os ocupantes de cargos importantes? Amar é ser prestativo com aquele que pode nos beneficiar? Jesus nos leva além desse amor e compaixão superficiais:

> "Eu, porém, vos digo: não resistais ao perverso; mas a qualquer que te ferir na face direita, volta-lhe também a outra; e, ao que quer demandar contigo e tirar-te a túnica, deixa-lhe também a capa. Se alguém te obrigar a andar uma milha, vai com ele duas. Dá a quem te pede e não voltes as costas ao que deseja que lhe emprestes. Ouvistes que foi dito: amarás o teu próximo e odiarás o teu inimigo. Eu, porém vos digo: amai os vossos inimigos e orai pelos que vos perseguem; para que vos torneis filhos do Pai celeste, porque Ele faz nascer o seu sol sobre maus e bons e vir chuvas sobre justos e injustos. Porque, se amardes os que vos amam, que recompensa tendes? Não fazem os publicanos o mesmo?

> *E se saudardes somente os vossos irmãos, que fazeis de mais? Não fazem os gentios também o mesmo? Portanto, sede vós perfeitos como perfeito é o vosso Pai celeste."* (Mateus 5:39-48).

Chorar muito não significa ser sensível, principalmente quando consideramos o fato de haver muitos crocodilos em nosso meio. Esse animal feroz, quando não consegue pegar a presa... chora, chora, chora! Agora, vai ter dó desse bichinho para ver o que acontece! Quer ter a experiência de saber como é o interior de um crocodilo, depois de sentir sua carne sendo despedaçada pelos seus dentes afiados? É só querer enxugar-lhe as lágrimas.

É claro que muitas pessoas sensíveis também são choronas. Mas há também inúmeras pessoas que parecem carrancudas. São sérias! Como diz o meu avô, sempre estão com cara de jegue, comprida e bicuda! Não choram por qualquer coisa, mas possuem um coração misericordioso. São preocupados com os necessitados à sua volta. São compreensivos. Duros, mas extremamente amorosos. Amam os inimigos. Oram pelos seus perseguidores.

Algumas pessoas choram por tudo. Qualquer coisa é razão para alimentar uma mágoa. Se o pastor não chama para cantar, se vê injustiçado ou preterido. Se deixou de receber um elogio, se sente desprezado. Sensível? De forma alguma! Apenas olha para o próprio umbigo. Não se importa se o amigo deixou de comparecer em seu aniversário porque a mãe estava doente. Fica com raiva e não quer nem saber. Não é problema dela se a criança órfã não tem o que comer, ela que vá trabalhar! Cada um com seus problemas.

E é com discernimento que devemos distinguir quem precisa de nossa ajuda e quem precisa de uma lição. O Pr. Silas Malafaia, no dia 16 de maio de 2008, ministrando a palavra de Deus em Teresina-PI, na Cruzada Vida Vitoriosa, contou-nos um pouco da sua história. Antes de possuir toda a grande estrutura que hoje usufrui, passou por seis falências em seus negócios. Como ele mesmo disse, tudo isso foi necessário para que aprendesse a administrar recursos e pessoas. Não ficou culpando ninguém por seus fracassos. Apesar de toda dificuldade, dizia a sua esposa: *"Você não casou com um homem rico, mas casou com um homem! Vou trabalhar e me esforçar para dar a você tudo o que precisa.".* Concluindo a mensagem, revisou alguns pontos citados para que alguém tenha uma vida vitoriosa:

gastar tempo, determinação, renúncia, sofrimento e até mesmo as derrotas. Tudo isso se constitui alicerce de uma vitória. Ou seja, Deus ajuda, mas temos que fazer nossa parte, e é nesse ponto específico que identificamos quem merece ajuda e quem merece uma lição.

Muitos adoram chorar miséria. Não se esforçam para trabalhar e vivem às custas dos outros. Retomando as palavras do Pr. Silas, pensam que a vida é como um filme, onde, em uma hora e meia, o protagonista começa pobre e termina milionário. Não se dedicam para serem merecedores do que quer que seja. O dinheiro que pegam, não aplicam nas necessidades primordiais. Muitas vezes gastam o pouco que recebem alimentando seus inúmeros vícios. Não querem receber ordens, e por isso estão sempre desempregados. Não são humildes. Vender lanche na escola? Uma humilhação! Capinar a casa do vizinho? Não nasci para isso! Muitas vezes pediram dinheiro a minha mãe e ela dizia: "*Venha fazer um serviço que eu lhe pago!*". Podem dizer o que aconteceu? Muitos estão desaparecidos! Sumiram mesmo! Nunca mais voltaram! Penso que, se minha mãe tivesse dado dinheiro a eles, ainda hoje teríamos notícias!

Espero estar sendo compreendida em minhas colocações. A compaixão é demonstrada não apenas através de ajudas financeiras, mas, principalmente, na condução espiritual de quem está perdido, ou auxílio emocional ao que sofre. Usar seu tempo para escutar os problemas de alguém aflito é compaixão! Dar o prazer de sua companhia a alguém que foi desprezado pela sociedade é ser sensível à situação dessa pessoa. Orar por quem te persegue, enxergando nele uma alma que precisa de salvação, é misericórdia. Amar a quem outros normalmente rejeitam é surpreendê-lo com a vida que jorra da cruz. Não ter a própria vida como preciosa, mas entregar-se como servo de Cristo, amando Sua obra e cada ser humano como único é refletir a imagem de Deus!

Em um congresso de missões, na cidade de São Miguel do Tapuio-PI, o Pr. Expedito Reis contou-nos uma história verídica de alguém que experimentou a glória incomparável de uma vida movida pela verdadeira sensibilidade. Quatro missionários norte-americanos foram enviados, juntamente com suas famílias, para a região do Equador. Enquanto as famílias permaneceram na base missionária, os quatro missionários saíram a procurar uma determinada tribo indígena. Quando a encontraram, tentaram estabelecer contato, mas foram capturados e brutalmente assassinados. Como alguns índios daquela região eram canibais, os missionários tiveram seus corpos comidos.

As famílias retornaram a Nova York e, depois de algum tempo, um dos filhos daqueles missionários resolveu preparar-se por vontade própria, a fim de retornar ao lugar onde seu pai fora assassinado. Ele disse: *"Vou terminar a obra que meu pai começou!".* Aquele jovem foi enviado e realizou um grande trabalho de evangelismo junto à tribo. Quando muitos já tinham se convertido ao evangelho, realizou-se o primeiro batismo. Um índio mais antigo confessou ao jovem pregador que havia se alimentado dos primeiros missionários enviados a eles, mas que estava arrependido e agradecia ao jovem por não tê-los abandonado.

Que grande lição recebemos através dessa história! O rapaz poderia ter se afundado em sentimentos de comiseração e autopiedade, porém, entendeu que as necessidades espirituais daquele povo eram mais urgentes e importantes do que suas carências emocionais. Ele sabia que seu pai morrera defendendo uma causa justa e eterna! Sabia que o encontraria um dia no céu e também tinha consciência de que aquele povo que devorou seu pai cometeu tal ato de brutalidade em ignorância, porque não tinha o conhecimento da verdade. Que lição! Estamos sofrendo pelas causas realmente importantes? Estamos sendo sensíveis à situação espiritual dos que nos cercam? Ou estamos sofrendo por coisas pequenas, devido a um constante sentimento de pena?

Quando for difícil exercer a compaixão, lembre que você não fez nada para que Jesus se compadecesse da sua situação. Ele deixou tudo o que tinha e assumiu as suas culpas, as suas dores, a sua vergonha e o seu pecado. Você não podia levar a carga, então Ele a levou. Você não suportaria e dor e vergonha da cruz sem pecar... Ele ofereceu-se para morrer em seu lugar! Você não pediu misericórdia! Você não pediu o sacrifício! Nem imaginou que um dia o filho de Deus Se dispusesse a fazer isto por você! Mas, Ele fez! Por mim e por você!

Não queira ser manteiga derretida. Ela não tem consistência. Não tem firmeza alguma. Qualquer alteração na temperatura a desmonta. Qualquer superfície a suga e consome. Queira ser forte. Compassivo. Verdadeiro e duro quando preciso. O amor não encobre falhas, corrige-as! Não tenha dó de si mesmo! Não sofra por problemas desta terra. Preocupe-se primeiramente com tudo o que traz consequências eternas.

Tenha misericórdia, ela te alcança todos os dias! Tenha amor, ele te cerca por toda parte! Tenha sensibilidade... O dono do universo sensibilizou-se com sua história e você não poderia, de igual modo, ser sensível aos que vivem na mesma situação em que você já esteve? Tenho certeza que sim!

Capítulo 9

Não Depende de Nós

"Porque pela graça sois salvos, mediantes a fé; e isto não vem de vós;
é dom de Deus; não de obras, para que ninguém se glorie.
Pois somos feituras dele, criados em Cristo Jesus para boas obras,
as quais Deus de antemão preparou para que andássemos nelas".
Efésios 2:8-10

Início este capítulo com uma frase em mente: Não depende de nós! Por um momento, hesitei usar uma afirmação negativa, afinal, muito desta vida verdadeiramente depende de nós! Porém, o título positivo não me atraiu, considerando o fato de que todos possuem uma mínima consciência a respeito das próprias responsabilidades.

Se alguém almeja ocupar um cargo de destaque na empresa onde trabalha, naturalmente empregará esforço e dedicação em seu ofício. Se uma vaga na universidade é o objetivo, festinhas, saídas diárias e viagens desnecessárias serão renunciadas. O casal em crise sabe que precisa cultivar compreensão, a fim de que a relação siga firme! Os membros de uma comunidade a tornam melhor para viver se cada um faz a sua parte e não joga o lixo na rua. A amizade é fortalecida se você dedica mais tempo e atenção ao amigo. Recusar um dinheiro ilícito pode não torná-lo rico, porém, lhe deixará com a consciência tranquila e não roubará suas noites de sono.

Poderia escrever outro livro listando tudo aquilo que depende de nós. Não tenho dúvidas de que nossas escolhas são decisivas no bom fluir da vida! Mas, ao contrário do que muitos pensam, os elementos mais importantes desta, apesar de terem participação ativa nossa, definitivamente, não dependem de nós.

Muitos sofrem por não conhecerem a verdade. Presos em cárceres emocionais, arrastam consigo o passado, temem o futuro e definham no presente. Sofrem porque abraçaram uma mentira vendida como verdade. Estão sobrecarregados, estressados e infelizes porque julgam terem responsabilidades quanto aos resultados de um projeto ou missão. Assumiram um peso que não podem suportar. Ignoram que certas coisas não dependem de nós!

Sofrimento Causado Pelo Desconhecimento ou Rejeição de Verdades Inalteráveis

1. Salvação – Todo homem tem sede de salvação. Todos trazem em si um ardente desejo de serem redimidos da natureza pecaminosa a qual estamos submetidos. Até mesmo os homens bombas, geralmente de correntes islãs extremistas, além de motivos políticos, almejam, mais do que tudo, a remissão. Acreditam que o sacrifício os purificará.

Através dos séculos, acompanhamos a busca dos povos, por meio das religiões, de uma verdade que coloque em ordem as suas vidas. Todos caminham em busca do conhecimento do porquê de suas existências e de como o homem pode viver no plano original para o qual foi criado. Buscam maneiras de encontrar sentido e salvação, inclusive os que afirmam ser ela desnecessária.

As religiões ateístas negam a existência de um reino espiritual e a necessidade de remissão, porém, também buscam preencher o vazio da alma humana, buscando no universo a origem e o sentido da vida, crendo na remissão através da razão, da lógica, ciência ou filosofia.

Alguns segmentos religiosos defendem que a salvação depende do comportamento do homem enquanto estiver na terra. Se ele for bom e caridoso, se não matar nem roubar, então, seu lugar no céu está garantido! Outros defendem a ideia do absenteísmo. Para eles, afastar-se de tudo o que é "mundano", inclusive do convício social, é a maneira mais garantida de conservar-se puro, a fim de alcançar um conhecimento mais elevado. Meditação para esvaziar a mente é outra opção disponível no universo religioso. Esvaziar-se de ideias e vontades é o meio de encontrar paz interior e, consequentemente, o propósito para a vida. São tantas opções que fica difícil saber em quem acreditar.

O problema das religiões é que todas criam caminhos que levam o homem a Deus. E desde quando isso é um problema? Desde quando o homem foi formado, visto que cada um quer traçar seu próprio caminho e sua própria maneira de chegar-se à Divindade.

Antes de seguirmos, é preciso destacar: A Igreja (noiva de Cristo) é um corpo espiritual, composto por todos aqueles que creem no Filho de Deus, Jesus, e O confessam como Salvador. A comunidade religiosa é de fundamental importância, porque nela exercemos amor e comunhão, onde o Espírito Santo atua e Se revela. Mas aqui não vou adentrar na doutrina eclesiológica. Estou falando sobre fé e salvação, que não é religião.

A salvação está além das organizações religiosas. Cristo é a salvação. Importante destacar que a palavra religião só é citada uma vez nas Escrituras, em Tiago 1:27, que diz: *"A religião pura e imaculada para com Deus, o Pai, é esta: visitar os órfãos e as viúvas nas suas tribulações e guardar-se da corrupção do mundo."*.

A ideia de que Deus fez tudo o que precisava ser feito é contrariadora para muitos. Vivendo numa sociedade consumista, interesseira e cheia de segundas intenções, é difícil crer que podemos ganhar qualquer coisa de alguém sem ter que fazer nada, ainda mais quando se refere a algo de suma importância, como a salvação. Mas essa é a verdade. Pura e simples verdade: Não precisamos criar caminhos ou métodos para alcançar o favor de Deus. Ele veio ao encontro do homem e a ele oferta a salvação. Analisemos esta questão passo a passo.

SALVAÇÃO, UMA QUESTÃO DE FÉ

Deus criou o homem. *"Também disse Deus: Façamos o homem à nossa imagem, conforme a nossa semelhança"* (Gênesis 1:26b). Criados para viver na presença de Deus, nossa vida consiste em glorificar o nome do Senhor e com Ele termos íntima comunhão. *"Antes da criação do mundo, Deus já havia nos escolhido para sermos dEle por meio da nossa união com Cristo, a fim de pertencermos somente a Deus e nos apresentarmos diante dEle sem culpa".* (Efésios 1:4).

Comunhão com Deus é uma necessidade básica do ser humano pelo simples e maravilhoso fato de nossa estrutura ter sido criada para isso. A eternidade é a essência natural da vida dada por Deus. Sofremos com o pecado porque não fomos criados para ele, e após o mau uso do livre arbítrio por Adão e Eva, a comunhão estreita que tínhamos com o Criador foi rompida.

Desde então, Deus colocou em ação Seu plano para a redenção do homem. Por causa do pecado, a lei foi criada, trazendo ao conhecimento de todos o que era certo e errado aos olhos de Deus. A lei trouxe regras de como o homem deveria se portar diante de Deus e para com os outros homens. Condições para a remissão das faltas cometidas também foram estabelecidas.

No Antigo Testamento, na dispensação da lei, o sacerdote deveria derramar sangue de animais sacrificados para que fossem expiados os pecados do povo. Porém, sabemos que sangue de animais não seria suficiente para a remissão do homem. Todos esses rituais serviam como elementos da didática divina, a fim de esclarecer e ensinar ao povo a importância da expiação de suas culpas. Todos os sacrifícios realizados pelos sacerdotes apontavam para Cristo, que derramaria o próprio sangue para a remissão final de todo o pecado.

O caminho foi preparado, e então veio Jesus, o Filho de Deus, encarnado como homem, a fim de tomar o nosso lugar para aniquilar as nossas transgressões. Ele assumiu o pecado de todos os homens. Sendo homem e Deus, e não havendo nEle pecado, era o único capaz de restituir nossa comunhão com o Pai. *"Ele foi rejeitado e desprezado por todos. Ele suportou dores e sofrimentos sem fim. Era como alguém que não queremos ver, nós nem mesmo olhávamos para Ele e o desprezávamos. No entanto, era o nosso sofrimento que Ele estava carregando, era a nossa dor que Ele estava suportando. E nós pensávamos que era por causa da Suas próprias culpas que Deus o estava castigando, que Deus o estava maltratando e ferindo. Porém, Ele estava sofrendo por causa dos nossos pecados; estava sendo castigado por causa das nossas maldades. Nós somos curados pelo castigo que Ele sofreu, somos sarados pelos sofrimentos que Ele recebeu. Todos nós éramos como ovelhas que se haviam perdido; cada um de nós seguia o próprio caminho. Mas o Senhor castigou o seu servo; fez com que Ele sofresse o castigo que nós merecíamos".* (Isaías 53:3-6 - Linguagem de Hoje).

Jesus morreu em nosso lugar, mesmo podendo optar por não fazê-lo. Pagou o nosso resgate. Intercedeu junto ao Pai com o argumento mais valioso de todos: Sua própria vida. Através do sacrifício de Cristo podemos receber o perdão de Deus. Cristo nos comprou. A salvação foi realizada na cruz e não depende de nós. Se cremos ou não, se a aceitamos ou não, ela continua existindo para todos. Obtemos a salvação mediante a fé em Jesus, mas ela já foi realizada. Foi totalmente consumada! Nossas obras são apenas resultado de uma vida restaurada. Atos de perseverança e fidelidade terão relação com herança, galardão e recompensa, mas a salvação em si não pode ser diminuída nem acrescentada. O homem pode aceitar sem receios a verdade de que ele não precisa fazer nada para ser salvo... apenas crer! Crer em quem restitui em nós a glória do Pai! *"Todos pecaram e estão afastados da presença gloriosa de Deus. Mas, pela Sua graça e sem exigir nada, Deus aceita a todos por meio de Cristo Jesus que os salva. Deus ofereceu Cristo como sacrifício para que, pela Sua morte na cruz, Cristo se tornasse o meio de as pessoas receberem o perdão dos seus pecados, pela fé nele. Deus quis mostrar com isso que Ele é justo. No passado Ele foi paciente e não castigou as pessoas por causa dos seus pecados; mas, agora, pelo sacrifício de Cristo, Deus mostra que é justo. Assim Ele é justo e aceita os que creem em Jesus".* (Romanos 3:24-26 - Linguagem de Hoje).

Nenhum homem pode substituir o lugar que é de Jesus! Todos carecem de arrependimento e confissão para salvação da alma. Ricos, pobres, sábios, ignorantes, grandes, pequenos, homens e mulheres de todas as culturas, povos e nações. *"Respondeu-lhe Jesus: eu sou o caminho, a verdade e a vida; ninguém vem ao Pai senão por mim"* (João 14:6). Cristo é o caminho, e não apenas um dos caminhos. Você pode considerar nesta afirmação duas opções: alguém disposto a afirmar que é o caminho para Deus ou está falando a verdade, ou não passa de um lunático religioso. As opções precisam ser consideradas e, definitivamente, Jesus não era um louco ou fanático religioso. Ele foi o homem mais sábio que esta Terra conheceu. Seus ensinamentos atravessam os séculos semeando amor, paz, justiça e transformação total de vidas. Sua forma de ensinar foi precisa e eficaz. Possuía um comportamento irrepreensível, manso e controlado, mesmo em situações de extremo estresse emocional, como fora o Seu julgamento. Considerando tudo o que Jesus era e fez, não podemos ficar indiferentes a esta afirmação realizada por Ele. Definitivamente, não foi um lunático ou alguém fora de seu controle emocional o autor dessa verdade, mas, sim, o Filho de Deus, o único capaz de nos salvar!

Não se permita um sofrimento descabido, pensando em como poderá adquirir a salvação. Ela já foi realizada. Não seja consumido sem causa. É triste ver como ainda há pessoas que se esforçam e sofrem, achando que não poderão conquistar por si mesmos algo que Jesus já conquistou por elas. Por Sua infinita misericórdia somos salvos, e por Sua graça nossa salvação não depende de nós!

2. Vida Eterna – Todos possuímos a eternidade, no entanto, ela se divide em dois caminhos totalmente opostos, resultados de escolhas feitas no tempo presente, incluindo a de aceitar ou não Jesus como único e suficiente Salvador. *"Muitos dos que dormem no pó da terra ressuscitarão, uns para a vida eterna e outros para vergonha e horror eterno"* (Daniel 12:2).

Falsas doutrinas, correntes de pensamentos, religiões e movimentos filosóficos apregoam que a vida se resume a este tempo presente, e por isso deve ser vivida de forma intensa, com direito ao desfrute de todos os prazeres, como se nada tivesse consequências futuras e eternas. Triste engano!

Há uma vida além desta que vivemos, que não tem duração de apenas 20, 40, 60 ou 80 anos, mas estende-se por toda a eternidade. Todos terão que prestar contas diante do Criador. Acreditemos ou não, é isso o que vai acontecer.

No livro do Apocalipse, onde está revelado o futuro da Igreja do Senhor e de toda a humanidade, encontramos a verdade a respeito desse assunto. *"Então vi um grande trono branco e Aquele que está assentado nele. A terra e o céu fugiram da sua presença e não foram vistos mais. Vi também os mortos, tanto os importantes como os humildes, que estavam de pé diante do trono. Foram abertos livros, e também foi aberto outro livro, o Livro da Vida. Os mortos foram julgados de acordo com o que cada um havia feito, conforme estava escrito nos livros"* (Apocalipse 20:11 e 12 – Linguagem de Hoje).

Ninguém escolhe ser eterno ou não. Isso não depende de nós. Tal questionamento levou o matemático e pensador Blaise Pascal à fé cristã. O gênio francês, certo das probabilidades reais da eternidade da alma, considerou que cuidar de tê-la na direção certa não lhe traria prejuízos, ainda que, por alguma desventura, tudo não passasse de um grande mito ou criação da mente humana.

Somos eternos e nada do que fizermos mudará essa realidade. Apenas raciocine. Se você realmente for eterno, deixar de crer vai alterar a verdade? Definitivamente, não! O que depende de nós é como será essa eternidade. E isso depende da decisão de servir ou não a Deus, de amar ou não Sua Palavra. Viver segundo a vontade de Deus, isso depende de nós! A eternidade não!

Jesus conta sobre a vida de um rico e de um pobre miserável, chamado Lázaro. Jesus não relata apenas a vida terrena que tiveram, mas, principalmente, o que lhes aconteceu após a morte.

"Havia um homem rico que vestia roupas muito caras e todos os dias dava uma grande festa. Havia também um homem pobre, chamado Lázaro, que tinha o corpo coberto de feridas, e que costumavam largar perto da casa do rico. Lázaro ficava ali, procurando matar a fome com as migalhas que caiam da mesa do homem rico. E até os cachorros vinham lamber as suas feridas. O pobre morreu e foi levado pelos anjos para junto de Abraão, na festa do céu. O rico também morreu e foi sepultado. Ele sofria muito no mundo dos mortos. Quando olhou, viu lá longe Abraão e Lázaro ao lado dele. Então gritou: Pai Abraão, tenha pena de mim! Mande que Lázaro molhe o dedo na água e venha refrescar a minha língua, porque estou sofrendo muito neste fogo. Mas Abraão respondeu: Meu filho, lembre que você recebeu na sua vida todas as coisas boas, porém, Lázaro só recebeu o que era mau. E agora ele está feliz aqui, enquanto você está sofrendo. Além disso, há um grande abismo entre nós, de modo que os que querem atravessar daqui até vocês não podem, como também os daí não podem passar para cá. O rico disse: Nesse caso, Pai Abraão, peço que mande Lázaro até a casa de meu pai, porque eu tenho cinco irmãos. Deixe que ele vá e os avise para que assim não venham para este lugar de sofrimento. Mas Abraão respondeu: Os seus irmãos têm a lei de Moisés e os livros dos profetas para os avisar. Que eles os escutem. Porém, o rico respondeu: Só isso não basta, pai Abraão. Porém, se alguém ressuscitar e for falar com eles, aí eles se arrependerão dos seus pecados. Mas Abraão respondeu: Se eles não escutarem Moisés nem os profetas, não crerão, mesmo que alguém ressuscite" (Lucas 16:19-31).

Não fora riqueza ou pobreza o fator decisivo quanto à eternidade dos personagens principais da história, e sim a aceitação que cada um teve à palavra de Deus. Particularmente, a solidão, para mim, é um dos piores castigos que alguém pode ter. Fomos criados para viver em comunhão uns com os outros, e nas horas de desespero o que mais queremos é alguém que chore conosco e compartilhe a nossa dor. Mas a situação em que o homem rico se encontrava era tão terrível que desejou avisar seus irmãos para que também não tivessem o mesmo destino que ele. Era um sofrimento que não desejava a ninguém, nem que para isso tivesse que passar a eternidade inteira sozinho!

Eternidade... Pense nela quando alguém lhe ferir. Pense nela quando a vida estiver muito difícil. Nunca deseje o inferno, nem mesmo ao pior pecador. É pensando nela que podemos abençoar quem nos maldiz. A certeza de que iremos passar a eternidade com o Senhor nos faz andar acima deste mundo de sofrimentos e lágrimas. Lembre-se de que você é eterno! A morte não é o fim! E, mesmo que em sua vida presente tenha sofrido tantas vezes, ainda há uma eternidade em amor, paz e alegria com o Senhor à sua espera, pois Ele mesmo providenciou o caminho para que alcançássemos essa tão sonhada felicidade sem fim. Você não pode escolher ser eterno ou não... isso não depende de nós! Mas você pode escolher como será sua eternidade. Você desejaria que fosse o contrário? Eu acho que não!

3. Felicidade – Por mais estranha a afirmação possa parecer, ela é totalmente verdadeira: a genuína felicidade não depende de nós! Se você nunca considerou essa possibilidade, pode estar contrariado.

Talvez argumente: "*Olha, Késia, quando me formar, ter o emprego que almejo e uma família estável, além das plásticas que planejei, certamente não terei razões para queixas. Serei totalmente feliz!*". Quem sabe um presidiário injustiçado possa dizer: "*Quando conseguir provar minha inocência, finalmente lavarei minha alma e serei feliz.*". E o que dizer de milhares de jovens que depositam a esperança de felicidade na possibilidade de viverem uma linda história de amor? "*No dia que eu encontrar alguém que me ame, toda a minha solidão terá fim e serei feliz para sempre.*". Pessoas acima do peso sonham com o dia em que o espelho dirá: "*Pronto, agora você é magro, saudável, bonito e feliz!*". Tudo isso e ainda uma multidão que corre atrás de fama, poder, justiça ou dinheiro, acreditando que no objeto desejado reside a felicidade.

Mas o que é felicidade? Alguns a definem como um estado emocional de paz, alegria e profundo bem-estar com tudo e todos. A pessoa considerada feliz geralmente é sorridente, aparentando superar tudo com brilho de alegria e paz no olhar, desfrutando relacionamentos saudáveis com todos de forma sólida e demonstra satisfação e bom-humor independentemente da situação. Talvez você considere uma pessoa feliz aquela que não tem nenhum tipo de problema. Você mesmo já deve ter dito muitas vezes: "*Na minha infância, eu era feliz e não sabia!*". Em geral, felicidade é sinônimo de ausência de dor, preocupação ou tristeza. Sendo assim, é possível alguém ser feliz por seus próprios esforços?

Alguém consegue evitar a morte de alguma pessoa quando Deus determina que a hora chegou? Alguém consegue evitar a manifestação de uma grave doença incurável, apesar do muito dinheiro que tem? Alguém consegue sustentar um casamento feliz quando um dos cônjuges não quer mais? Alguém sabe, de verdade, quem são verdadeiramente seus amigos? Apesar de toda a luta a favor da igualdade, qual é a sociedade que trata um ex-presidiário da mesma forma que qualquer outro cidadão? Qual casamento, vez ou outra, não passa por turbulências, geradas por temperamentos opostos que vivem sob o mesmo teto? Quem já nunca sofreu algum tipo de oposição?

É... Até parece ser a felicidade uma utopia, mas não! Ela existe e está ao alcance de todos, apesar de não depender exclusivamente de nós! O que acontece é que ela não está disponível da forma como esperamos. Não está à venda, não pode ser comprada e nem é um objeto, título, posição ou mesmo um estado emocional. A felicidade não depende de um outro alguém e nem dos nossos inúmeros esforços para amar.

A fim de evitar uma vida de frustração, sofrimento e desesperança, é necessário entender o tipo de felicidade que nos está oferecida na terra. Precisamos nos conscientizar de que a felicidade buscada por todos, constante, isenta de problemas, sem ameaças de um mundo destruído pelo pecado só estará ao nosso alcance quando formos morar no céu.

Apenas recapitulando, a felicidade completa faz parte do pacote da salvação que, uma vez aceita, lhe dará direito à eternidade com Cristo e, literalmente, ser feliz para sempre! Como está escrito em Apocalipse 21:3 e 4: *"Então, ouvi grande voz vinda do trono, dizendo: eis o tabernáculo de Deus com os homens. Deus habitará com eles. E lhes enxugará dos olhos toda lágrima, e a morte já não existirá, já não haverá luto, nem pranto, nem dor, porque as primeiras coisas já passaram.".* No céu viveremos na felicidade para a qual fomos criados e que neste tempo presente tanto almejamos, pois teremos um corpo glorificado, livre das consequências do pecado. Viveremos perpetuamente inundados pela glória do Pai, desfrutando de Sua presença, como filhos justificados pelo sangue de Jesus Cristo. Essa felicidade plena só estará disponível na eternidade.

Porém, não precisa se sentir frustrado. Há uma felicidade disponível para quem serve a Deus, ainda na Terra, melhor definida como gozo na alma. Não somos imunes aos desatinos da vida e, na verdade, eles até servem como dispositivos eficazes no aperfeiçoamento do caráter. Mas este gozo na alma é paz além das circunstâncias. É a paz que transcende a tranquilidade, gerada pelo Espírito Santo.

Há situações que não podemos enfrentar sozinhos, mas, inundados pelo Espírito Santo, sempre vencemos. Mesmo quando humanamente saímos em desvantagem, espiritualmente sempre somos vencedores!

O Espírito Santo capacitou homens amedrontados, ao ponto destes entregarem suas vidas por Cristo, afirmando ainda sentirem gozo em meio às tribulações. Lucas relata em Atos 5:40-42 que, depois de terem sido açoitados, os apóstolos retiraram-se do Sinédrio, regozijando-se por terem sido considerados dignos de sofrerem por amor ao nome de Jesus.

Conheci pessoas consideradas felizes e que, de uma hora para outra, tentaram tirar a própria vida. Ser alegre, entusiasmado e sorridente pode até ser indício de uma pessoa feliz, mas é só indício. Não se engane. Alguém aparentemente de bem com a vida pode estar sofrendo por dentro, justamente porque a felicidade é um estado da alma produzido pelo Espírito Santo e por uma esperança que não decepciona, Jesus Cristo.

A felicidade não está no que o mundo e seus sistemas culturais oferecem. Também não está dentro de você. Ela é gerada em você através do Espírito Santo, a partir do momento em que você se entrega aos Seus cuidados. Quando estiver sofrendo por alguma coisa, não acrescente ao seu sofrimento a desesperança e a frustração por achar que a felicidade não é para você. Como diz Rick Warren: *"Para impedir que fiquemos muito apegados à Terra, Deus nos permite sentir uma substancial quantidade de descontentamentos e desgostos na vida – anseios que jamais serão satisfeitos deste lado da eternidade. Não somos completamente felizes porque não era pra sermos!"*.

O que nos faz cantar em meio à dor pode ser expresso nas palavras de Paulo aos romanos: *"Porque para mim tenho por certo que os sofrimentos do tempo presente não podem ser comparados com a glória a ser revelada a nós"* (Romanos 8:18). Citando mais uma vez Rick Warren: *"Quando a vida fica difícil e você é subjugado pelas dúvidas, ou quando fica imaginando se viver para Cristo vale o esforço, lembre-se de que você ainda não chegou em casa. Na morte, você não vai abandonar sua casa – você vai para casa!"*.

Paulo dizia que as tribulações desta vida são leves e momentâneas – o que realmente são. A expectativa dos filhos de Deus em encontrá-lO um dia, face a face, nos dá alegria nas lutas, paz nas perseguições, amor em meio ao ódio, força no deserto, paciência nas provas, gozo em meio às tempestades, esperança no fundo do poço, sensibilidade em meio à correria e fé em meio a uma multidão inimiga de Deus. Fazer o que Deus quer é sempre o melhor, embora nem sempre seja 100% prazeroso. O segredo é levarmos o prazer dentro de nós, gerado pelo Espírito Santo. Quando Jesus subiu, nos deixou o Consolador, por isso não se esforce tanto – deixe o Espírito Santo agir. Ele consola e intercede por você em suas fraquezas. A ação é toda dEle, apenas confie e seja feliz!

4. Frutos Ministeriais – Fazemos parte de uma sociedade que costuma colocar em pilares de igualdade os conceitos de quantidade e qualidade. Consideremos um aluno aprovado em primeiro lugar para medicina. Deduzimos que ele foi o melhor porque estudou mais. Que tal uma empresa multimilionária? Se é a mais rica, supostamente é a que mais vende. Um programa de televisão tem maior audiência porque seu conteúdo é mais interessante, superando em importância os das demais emissoras, certo? Nem sempre!

Uma empresa de calçados pode não ser a melhor, mas pode ser a que mais vende, afinal, seus preços são mais baixos e se encontram dentro do orçamento da maioria da população. Os melhores sapatos, reservados apenas para milionários, são fabricados em quantidades pequenas a quantias exorbitantes, como 100 pares, ou até mesmo apenas 1, como uma sandália exclusiva de ouro, cravejada com rubis e diamantes. Os exemplos poderiam caber em todas as esferas do comércio, e até mesmo na política. O político mais votado é o mais compete e honesto? Muitas vezes não!

Porém, o verdadeiro perigo deste conceito está quando o mesmo domina as entranhas do contexto religioso e espiritual. Não me espantaria descobrir que o ditado "a voz do povo é a voz de Deus" tem procedência maligna. Na história bíblica, quase sempre a vontade do povo ia em direção oposta à vontade de Deus, trazendo sérios prejuízos para a nação israelita. Muitos acreditam e esperam que, quanto mais se aproximarem de Deus, mais almas ganharão para Jesus, mais conhecidos serão e, consequentemente, serão tratados como um legítimo herói da fé. Hoje, para a grande maioria, os "grandes" homens de Deus são aqueles que andam com a multidão atrás de si. O número da plateia serve como parâmetro de espiritualidade e demonstra aprovação divina.

Na imprudente ansiedade de interpretar profecias, quando separados para ministração da palavra ou louvor, muitos se projetam em grandes palcos, pregando a multidões ou erguendo discos de ouro pela venda de CDs. Isso tem sido gerado nos corações dos aspirantes ao ministério, em consequência do sistema mercantilista que se instalou em torno de pregadores e cantores nos últimos anos.

Na ótica espiritual, quantidade nunca quis dizer muita coisa para Deus. Ele sempre contou com poucos homens, homens estes que geralmente caminhavam em direção oposta à multidão. Deus sempre esteve interessado no coração sincero e misericordioso. Poder, glória, fama, aplausos e multidões não encantam nosso Deus, afinal, Ele mesmo tem toda a honra, glória e poder, no céu e na terra! Deus está interessado na qualidade de nosso relacionamento com Ele, e na autenticidade do amor que Lhe devotamos.

É claro que Deus pode, quando quer, exaltar um homem perante as nações. Deus pode usar os que O amam para levarem multidões a amá-Lo também. Mas nem todos foram chamados para isso. Você pode ser extremamente usado nas mãos de Deus e estar no anonimato, porém, isso não diminui o valor de sua chamada. Deus é soberano e sabe como fazer. Importa, antes de tudo, ser conhecido e aprovado por Ele.

Homens e mulheres abandonam o conforto da vida moderna e vivem no anonimato, levando a palavra de Deus a tribos indígenas, chinesas, africanas, situadas nos lugares mais remotos da terra. O anonimato seria característica de um ministério infrutífero? O que falar dos pregadores rejeitados? Daqueles que exortam governos, confrontam a moralidade das leis, a imoralidade da mídia e combatem o pecado do povo expondo honestamente a palavra de Deus? Geralmente não atraem multidões. São chamados de loucos e fanáticos, até mesmo pelo povo que defende.

É preciso prudência! Muitos que pregam a palavra trazem uma multidão atrás de si, não por serem aprovados por Deus, mas por pregarem um evangelho fácil, antibíblico, ou versículos isolados que favoreçam suas heresias egoístas e gananciosas. A palavra de Deus é boa e o coração do povo é terra fértil, mas nem sempre quem lança a semente o faz com mãos limpas. Somente através do conhecimento bíblico e discernimento do Espírito há defesa eficaz contra os muitos lobos vestidos de ovelhas.

Nas Escrituras Sagradas encontramos algumas características peculiares aos homens de Deus. Como diz no rodapé da Bíblia de Estudo

Pentecostal, referente ao capítulo 7 do livro do profeta Isaías:

> *"Eles tinham um profundo e estreito relacionamento com Deus. Viam o mundo e o povo sob a perspectiva divina. Se importavam com o que Deus se importava e experimentavam as mesmas reações de Deus, pois não apenas ouviam a Deus, mas sentiam o Seu coração. Os escolhidos de Deus se importavam com o povo, e se importavam em levá-lo a confiar somente em Deus. Tinham profunda aversão ao pecado. Não toleravam a injustiça, a crueldade, a imoralidade e a hipocrisia. Desafiavam constantemente a santidade superficial do povo, no intuito de levá-los ao arrependimento e à obediência. Tinham visão do futuro e o homem de Deus era, via de regra, um homem solitário e triste, perseguido pelos falsos profetas que prediziam paz, prosperidade e segurança para o povo que se achava em pecado diante de Deus. Ao mesmo tempo, o profeta verdadeiro era reconhecido como homem de Deus, não havendo, pois, como ignorar o seu caráter e a sua mensagem."*

Observar a vida de um autêntico servo de Deus nos orienta na separação daqueles que pregam o Reino dos que promovem a si mesmos. Fico indignada quando sou "aconselhada" por cantores e pregadores a não envolver-me com a multidão e a cobrar cachês exorbitantes para "valorizar o trabalho". Sei da importância que o princípio de honra seja cumprido pela Igreja em relação aos pregadores e ministros de louvor que convida, mas, infelizmente, louvar e pregar tornou-se um grande comércio, onde muitos exercem o ministério como profissão, atendendo apenas convites com elevado retorno financeiro. O Espírito Santo não tem espaço para direcionar os passos do ministro que virou artista.

Esse tipo de comportamento tem alguma semelhança com o que Cristo ensinou? Já vi pregadores saindo dos púlpitos com sacolas de dinheiro. Pregadores que deixam de lado o aviso de Deus e se utilizam de métodos psicológicos e teatrais com o propósito claro de comover a multidão. Homens que não querem servir, mas, sim, serem servidos. São arrogantes. Definitivamente, esse não deve ser o tipo de exemplo para ninguém que verdadeiramente ama a Deus. Alcançar a posição que outra pessoa alcançou jamais deve ser o alvo. O exemplo supremo é Cristo, que negou a Si mesmo para glorificar o Pai!

Constantemente a experiência do profeta Isaías é citada em congressos missionários. O problema é que os sermões se resumem ao versículo 8 do capítulo 6, onde Isaías, depois da visão, compungido pela glória de Deus e tocado com uma tenaz do altar, ouve a voz do Senhor perguntando: "*A quem enviarei, e quem há de ir por nós?*". Então, Isaías respondeu: "*Eis-me aqui, envia-me a mim*". Analisando o contexto, a prontidão de Isaías em atender o chamado divino é apenas a introdução do relato de uma autêntica chamada ministerial.

É claro que Deus deseja alcançar as multidões, e se nos valermos dos recursos modernos nas telecomunicações, isso certamente se torna mais fácil. O perigo está em julgarmos a qualidade pela quantidade. O abismo se abre quando brota o desejo íntimo por fama e multidões como confirmação de um ministério aprovado por Deus. Os frutos ministeriais, geralmente identificados como o número de pessoas convertidas, milagres recebidos e obras sociais realizadas (os frutos ministeriais não se resumem a estes três pontos, embora sejam os mais citados e evidentes), apenas dependem de nós em partes, pois, como a própria Bíblia afirma, é o Espírito Santo quem convence o homem do pecado, da justiça e do juízo. O nome de Jesus é quem tem poder para curar, e Deus é quem chama e capacita para a realização de trabalhos sociais específicos.

Pretendo tornar evidente, através do exemplo de Isaías, que, depois de ter-se colocado à disposição, Deus não disse assim: "*Muito bem, Isaías, vou te exaltar sobre a Terra. Colocarei poder em tuas palavras e todos que te ouvirem se arrependerão e se converterão a mim*". Deus também não disse: "*Isaías, meu filho, tu serás uma tocha de fogo acesa, e por onde passares sentirão minha presença. Te entregarei grande vitória e teus inimigos verão que sou Deus em tua vida. Não temas, porque ninguém te resistirá. Serás bem sucedido em tudo o que fizeres, apenas confia no meu poder*". Não... absolutamente não foi isso que Deus disse a Isaías. As palavras do Senhor foram exatamente as que estão nos versículos 9 e 10:

> "*Então, disse Ele: Vai e dize a este povo: Ouvis, de fato, e não entendeis, e vedes, em verdade, mas não percebeis. Engorda o coração deste povo e endurece-lhe os ouvidos, e fecha-lhes os olhos; não venha ele a ver com os seus olhos, e a ouvir com os seus ouvidos, e a entender com o seu coração, e a converter-se, e a ser sarado*".

Espantado? Também fiquei. Deus não prometeu um ministério cheio de glórias. Não ofereceu a Isaías o que muitos de nós chamaríamos de um ministério produtivo. Talvez, quando Isaías aceitou o desafio de ir em nome do Senhor, não imaginasse as condições. Será que surgiu um sentimento de desânimo? Um leve arrependimento de ter aceitado o desafio sem antes saber em que isto realmente implicaria? Será que emergiu uma vontade de tentar argumentar com Deus? *"Senhor, se eles não vão crer, acho que não há necessidade de perder tempo. Por que não me levar a um povo que aceite a mensagem e de coração mais quebrantado?"*.

> "Meu Deus, não serei mais líder do grupo vocal. Ninguém reconhece o meu esforço". "Não vou pregar para o mendigo. Ninguém vai ver e corro o risco de ser roubado". "Não vou visitar aquele irmão outra vez. Toda vez falo, falo e falo e ele nunca muda". "Vou abandonar o grupo de visitas. Tenho coisas mais importantes para fazer. Além disso, todo o meu esforço nunca me fez subir um cargo na igreja.". "Vou mudar de congregação. O pastor não me trata como mereço. Quero um lugar onde valorizem meus talentos.".

Deus avisou a Isaías que o povo ia rejeitar o chamado profético ao arrependimento. Sua pregação até faria seus corações se endurecerem ainda mais forte contra o Senhor. Mesmo assim, Isaías teria que pregar fielmente a mensagem impopular do juízo, até, como relatam os versículos seguintes, que o povo fosse assolado, o que realmente aconteceu através da conquista de Senaqueribe, em 701 a.C. J. I. Packer, falando sobre o assunto, escreve o seguinte:

> "... todos nós que falamos em nome do Senhor devemos estar preparados para não sermos sempre ouvidos, aceitos ou compreendidos e que, na realidade, nos esforçamos para alcançar pouco êxito ou quase nenhum. Igual a Isaías, nosso chamado é para sermos fiéis, e não necessariamente frutíferos. Nossa tarefa é a fidelidade; a capacidade de produzir frutos é um assunto que devemos nos contentar em colocá-lo nas mãos de Deus. Sabemos que a Palavra de Deus não voltará vazia, mas devemos estar preparados para não ver os frutos, pelo menos, imediatamente. No ministério cristão, nada nos garante o êxito visível na forma de resultados instantâneos; nem a você, nem a mim."

A obra é do Senhor e Seu Espírito se move, mesmo quando não

conseguimos ver. O importante é conservar a comunhão com Deus, agradando-O e seguindo fielmente Sua palavra. Quando Deus fala em exaltar um servo Seu, não significa necessariamente que fará dele um pregador famoso, rico, operador de milagres e ganhador de almas. Há muitos servos fiéis no anonimato. Intercessores, missionários, tradutores das Sagradas Escrituras, médicos, entre outros, todos de grande importância na obra de Deus. Embora não estejam na mídia e nem tenham seus nomes estampados em revistas ou livros que homenageiam os heróis da fé, certamente são conhecidos no céu.

Não almeje o que Jesus desprezou. Sirva como Jesus serviu – Ele nunca buscou benefícios pessoais. Hoje, muitos almejam um ministério "produtivo", reconhecido e fazem de tudo para alcançá-lo. Suprimem o juízo quando necessário, lançam falsas profecias a pessoas influentes, decretam triunfalismo em todas as áreas da vida, prometem felicidade, fazem pouco caso do pecado e, ao invés de se submeterem à voz de Deus, pesquisam a opinião do povo sobre aquilo que lhes grada.

Não se preocupe quando você fala e alguém não parecer corresponder à mensagem anunciada. Seu compromisso é com Deus e Sua verdade. Deus usa a cada um de acordo com sua personalidade. Tentar ser o que você não é violenta sua própria natureza e cultiva insatisfação. A originalidade agrada o Senhor.

Sempre louvei ao Senhor no templo. Quando passei a compor, e posteriormente gravei o primeiro Cd, questionava a Deus sobre a unção dEle em minha vida, visto não ver muitas vezes a reação esperada dos que me ouviam. Achava minhas músicas diferentes, e até mesmo pouco "pentecostais". Algumas pessoas chegaram a dizer que os hinos que eu cantava eram muito "lights", e que eu deveria seguir a tendência do mercado e cantar "hinos de fogo". Orando e pedindo orientação a Deus, pude, mais uma vez, ser lembrada pelo Espírito Santo de que meu compromisso é agradar o Pai, e que dessa forma Ele me capacitou. Se é dessa forma que sinto liberdade e intensidade na hora de louvar, por que mudar?

Foi quando percebi que minhas canções alcançavam de forma especial pessoas não evangélicas, porque a linguagem se aproximava mais da realidade delas. Por outro lado, passei a apreciar mais a diversidade da música em nossas igrejas – Deus usa a cada um de uma forma, alguns para falarem aos salvos, e outros para alcançar os que ainda não conhecem a

Cristo. Hoje, quando canto, principalmente em cultos evangelísticos, sinto-me vivendo a plenitude do chamado de Deus em minha vida – vejo lágrimas e pessoas sendo tocadas pelo amor de Deus através da música!

Você também tem algo especial de Deus em sua vida. Não queira simplesmente apresentar serviço como prova de sua espiritualidade. O Seu Criador sabe em que você é bom e certamente utilizará essa habilidade para que o nome dEle seja glorificado. O número de frutos depende da ação de Deus e do plano que Ele traçou para cada um e para cada povo. Não se preocupe em provar nada a ninguém. Se preocupe em agradar a Deus e a recompensa de todo o seu trabalho estará garantida. Não se deixe consumir quando não puder ver o fruto de seu trabalho. Isso não é responsabilidade sua. Paulo, falando aos coríntios, disse o seguinte: *"Ora, além disso, o que se requer dos despenseiros é que cada um deles seja encontrado fiel"* (1 Coríntios 4:2).

Simplesmente, renda-se à soberania de Deus, seja fiel e faça o que tem de ser feito conforme suas forças! O restante, é tudo por conta dEle!

Capítulo 10

A Lei Infalível

"Não vos enganeis: de Deus não se zomba;
pois aquilo que o homem semear, isso também ceifará".
Gálatas. 6:7

Leis humanas são falhas. Em muitos aspectos, deixam a desejar. Generalizando as situações, cometem injustiças em casos específicos. Porém, há uma lei criada por Deus que faz justiça a todos os homens, lhes concedendo o fruto merecido de suas ações – a lei da semeadura. Muito do sofrimento humano é a colheita do que se plantou. É uma lei tão certa e natural como qualquer lei da física. Toda ação provoca uma reação, seja para o bem ou para o mal. Para entender a causa de alguns sofrimentos presentes é preciso reavaliar nossas atitudes e examinar o passado.

A lei da semeadura age no tempo presente e vindouro. Age nos contextos da vida terrena e eterna. Está presente nas relações biológica, material, social e espiritual. Quanto à eternidade, a colheita se dará ou para vida eterna, ou para o tormento eterno. Aquele que crer, será salvo. Aquele que se entregar a Deus, desfrutará de Sua presença como recompensa. Quem, porém, desprezar o Criador, sofrerá a separação de Deus para sempre.

Vale ressaltar que o Céu é um fruto imerecido. É a colheita de uma semente que não plantamos. Temos direito à vida eterna, por meio de Jesus. Foi Ele quem semeou nesta terra a semente do amor, regada com Seu próprio sangue. Ele conquistou o direito de morar no Céu para todos aqueles que nEle creem. Enquanto vivemos nesta Terra, podemos escolher amar a Deus ou amar o mundo.

Amar a Deus nem sempre é fácil, mas se semeamos uma vida de acordo com a vontade de Deus, a Bíblia garante que *"se com Ele sofremos, também com Ele seremos glorificados"* (Romanos 8:17b).

Mas, como nosso assunto é lidar com o sofrimento presente, faz-se necessário detectarmos as causas destes, entendendo que a lei da semeadura é benéfica no processo de restauração da imagem divina que ainda resta em nós. Na Bíblia de Estudo Despertar, o comentário sobre a lei infalível diz o seguinte referente à passagem de Gálatas 6:7-10:

> "Alguns de nós nos enganamos, pensando que podemos escapar das consequências do que fizemos. Mas, com o tempo, fica evidente que Deus vê a responsabilização como um elemento necessário para se poder viver saudavelmente. Deus diz que sempre colheremos o que semeamos. Até depois de termos sido perdoados, devemos lidar com as consequências das nossas ações. É possível que leve tempo para terminar com a colheita de consequências negativas, mas não podemos permitir que isso nos desanime".

A colheita maior está por vir. Quanto à colheita imediata, podemos identificar as causas de determinados sofrimentos reconhecendo as sementes lançadas no caminho. Tal reconhecimento permite lidar de forma consciente com todas as consequências do que se plantou, utilizando a dor como aperfeiçoamento do caráter e relacionamento com Deus para a grande colheita, ao invés de negar a responsabilidade pela semeadura feita e colocar-se como vítima, permanecendo na prática dos mesmos erros. O primeiro passo, como sempre, é admitir. Enquanto há vida, há esperança para semearmos o bem, a paz, a justiça e o amor, na boa intenção de colhermos frutos bons.

SEMENTES QUE GERAM SOFRIMENTOS

1. Desobediência – Como consequência da desobediência, o pecado entrou no mundo, trazendo morte a todos os homens (Gênesis 3). Jonas sofreu a agonia de ser engolido por um grande peixe, quando em sua obstinação transgrediu a ordenança divina (Jonas 1). Desobedecendo uma ordem específica, Moisés foi impedido de entrar na terra de Canaã (Deuteronômio 32:48-52). E quem de nós já não levou umas palmadas por transgredir alguma ordem dos pais? Mas, o pior acontece quando escolhemos desobedecer a Deus.

Todo aquele que desobedece, naturalmente sofrerá punição, não porque Deus esteja com uma vara, esperando punir, mas por essa desobediência geralmente estar fora de um plano bom, agradável e sob medida para nós. Seja a transgressão de uma ordem paternal ou da lei de trânsito; de uma regra empresarial ou espiritual, a desobediência sempre gera consequências.

O mundo está em colapso por causa da desobediência às leis divinas. Deus estabeleceu uma forma de vida para Seus filhos. E, a partir do momento em que decidiram viver por conta própria, adotando costumes pagãos e práticas pecaminosas, trouxeram sobre si as consequências do afastamento das leis de Deus. A desobediência é o ego tentando tomar o controle de tudo. Sempre achamos que podemos e sabemos fazer melhor.

Disseram que o importante é ser feliz. E assim, cada um, em busca da sua própria felicidade, suprime o bem estar coletivo pelo individual. Deixar o outro infeliz não importa quando a minha própria felicidade está assegurada. Em rebeldia à lei divina que protege a família, os conflitos se multiplicam, os casais se desfazem como quem rasga uma folha de papel, gerando filhos rebeldes, confusos e inseguros.

A desobediência específica ao chamado de Deus pode gerar consequências mais sérias. Pessoas que se recusam a usar um talento recebido ou o fazem com outros fins podem vir a perder a habilidade, ou simplesmente cultivar uma vida de frustração. Temos em Elvis Presley um exemplo. O Pr. Silas Daniel, na Revista JC de número 32, escreveu:

> "Na sua infância e adolescência, seus pais, Vernon e Gladys Presley, evangélicos pentecostais, sempre o levavam aos cultos. Foi ouvindo os hinos sacros que Elvis aprendeu a cantar e expressar seus sentimentos através da música. Em 1953, seu talento foi descoberto... E nos anos 50 Elvis explodiu como sucesso e se afastou totalmente de Deus. Em 1958, Elvis prestou serviço militar. Tempos depois, sua mãe, que sempre dizia para ele retornar a Deus, morre. Ao saber da morte da mãe, ele entra em depressão. Quando volta do serviço militar, passa a cantar gospel e perde público. Antes de entrar no palco, cantava hinos e fazia orações. Quando se sentia deprimido, interrompia os músicos para cantar hinos de sua infância. Porém, não conseguia abandonar o pecado, por isso entrou em um processo de deterioração. Passou a tomar

drogas, divorciou-se duas vezes, e finalmente, em 16 de agosto de 1977, foi encontrado morto em sua casa. A necropsia revelou a ingestão de mais de oito drogas. Morreu lendo The Scientific Search for the Face of Jesus (A procura científica pela face de Jesus). Elvis morreu tragicamente porque abandonou a Deus, a quem aprendera a amar com seus pais naquela pequena igreja de sua infância e adolescência."

O destino de Elvis é assunto que compete a Deus. Não sabemos como foi sua última oração, e não cabe a nós julgar o destino que teve. Mas sua vida é um exemplo de que dinheiro e fama não trazem realização pessoal. Elvis amava louvar a Deus, e afastar-se do plano original que Ele tinha para sua vida lhe trouxe fama e dinheiro, como também frustração, infelicidade e uma morte trágica e solitária.

Gosto muito da letra de um hino que diz: "*Eu vou obedecer, eu vou obedecer. Obedecer a Deus é sempre o melhor, pois Ele é fiel e cumpre o que diz*". "*Eis que o obedecer é melhor do que o sacrificar*" (1 Samuel 15:22). Acredite: Deus é perfeito em tudo o que faz, inclusive no estabelecimento da forma como devemos viver. Há um ditado que diz: "*A ovelha curiosa é machucada pela cerca, enquanto a ovelha quieta e obediente não sabe nada sobre os espinhos.*". Obedecer a Deus só nos trará benefícios e, por fim, a vida eterna!

2. Mentira – A mentira não procede de Deus. Jesus foi enfático quanto à sua natureza e procedência: "*Vós sois do diabo, que é vosso pai, e quereis satisfazer-lhe os desejos. Ele foi homicida desde o princípio e jamais se firmou na verdade, porque nele não há verdade. Quando ele profere mentira, fala do que lhe é próprio, porque é mentiroso e pai da mentira*" (João 8:44).

Toda e qualquer mentira tem procedência maligna, e sendo assim, certamente suas consequências não são nada positivas. Segundo Matthew Henry, "*Satanás dispõe os homens a cometerem excessos, pelos quais assassinam a si mesmos e ao próximo, enquanto aquilo que ele coloca nas mentes tende a destruir as almas dos homens. Ele é o grande causador de todo o tipo de falsidade. É mentiroso, e realiza todas as suas tentações chamando de bom aquilo que é mau, e chamando de mau aquilo que é bom, prometendo liberdade para aqueles que pecarem. Ele é o autor de todas as mentiras; os mentirosos se parecem com ele, e terão a sua parte juntamente com ele para todo o sempre.*".

Em Apocalipse 21:8 está escrito: *"Quanto, porém, aos covardes, aos incrédulos, aos abomináveis, aos assassinos, aos impuros, aos feiticeiros, aos idólatras e a **todos os mentirosos**, a parte que lhes cabe será no lago que arde com fogo e enxofre, a saber, a segunda morte."*.

Além da certa colheita eterna, enquanto aqui nesta terra, a pessoa mentirosa colhe descrédito e a falta de confiança. A mentira pode ser proferida na intenção de prejudicar alguém. Porém, não há mentira que, mais cedo ou mais tarde, não esbarre na verdade. É o caso da mentira proferida pelos irmãos de José (Gênesis 37:31,32). Um dia, a verdade apareceu (Gênesis 45:1-15), porque Deus não tem prazer na mentira, e dEle nada podemos esconder.

Alguém mentiroso pode até conseguir ludibriar seu semelhante, mas ninguém pode enganar a Deus, pois *"Os olhos do Senhor estão em todo lugar"* (Provérbios 15:3). Deus aborrece a língua mentirosa (Provérbios 6:16,17). A pessoa mentirosa, além das consequências naturais que têm de enfrentar, também enfrentará a oposição de Deus, que não tolera a mentira.

Há mentiras que certas pessoas falam a respeito de si mesmas. Dizem ter o que não têm, dizem ser o que não são, apenas para impressionar. É o caso de Ananias e Safira (Atos 5:1-11). A falsidade anda de braços dados com a mentira. Pessoas que afirmam sentir o que não sentem, e que por trás difamam e depreciam a vítima. No entanto, nenhuma mentira se sustenta muito tempo. É como uma vela. Dura alguns instantes, mas aos poucos a chama faz a cera derreter.

A pessoa mentirosa e falsa não desfruta de amizades baseadas na sinceridade. As pessoas sempre se reservam em sua presença. Geralmente, sofre rejeição e não consegue ocupar cargos de confiança por muito tempo. Há também o sofrimento causado pelo fardo de sustentar a mentira. Sempre há tensão pelo medo de ser descoberto. O mentiroso não desfruta de paz interior. Vive atormentado e, dependendo da gravidade, pode sofrer na pele as consequências da mentira proferida, como é o caso de um testemunho falso em julgamento.

Aquele que deseja, pode se arrepender das mentiras faladas, e aprender através da Palavra e ajuda do Espírito Santo a firmar-se na verdade. Porém, aquele que insistir em uma vida de enganos, além de gerar sofrimento a outras pessoas, certamente será, de todos os que envolveu em uma mentira, o maior dos sofredores, pois a justiça de Deus nunca falha e a verdade sempre prevalecerá!

3. Orgulho – Segundo Steve Gallagher:

> "a pessoa orgulhosa possui uma alta admiração de si mesma. Orgulho é o senso exagerado de sua própria importância e uma preocupação egoísta com seus próprios interesses. O orgulho é o maior causador de conflitos em todas as áreas, pois todos estão preocupados em exaltar-se acima dos seus semelhantes, ou estão fazendo o seu melhor para se proteger de outros que se exaltam às custas dela. É fácil identificar a soberba e o orgulho em estrelas arrogantes do cinema, ricos esnobes e personalidades egoístas dos esportes, porém, o orgulho tem outras facetas. Ele é tão sutil que muitos pensam que não o tem. Aqueles que percebem cedo que não receberão todo o amor e aceitação de que precisam, começam a desenvolver o complexo de inferioridade. Aprendem cedo a temer a dor emocional e a evitá-la a qualquer custo. Mecanismos de defesa são embriões de orgulho, que fortifica a si mesmo. O orgulho é a resposta demoníaca para a dor emocional. O orgulho sempre está protegendo o seu dono: o ego! Pode se manifestar de formas diversas através da soberba, vaidade, autoproteção, orgulho intocável, orgulho sabe-tudo, rebelião ou orgulho espiritual. A notícia boa é que um pecador sempre pode arrepender-se. O orgulho não desaparece só porque o identificamos, mas admitir já é um grande passo."

O orgulho suscita a oposição do próprio Deus. Ele aborrece os olhos altivos (Provérbios 6:17). "*A arrogância do homem será abatida, e sua altivez será humilhada; só o Senhor será exaltado naquele dia*" (Isaías 2:17). "*Quem a si mesmo se exaltar será humilhado*" (Mateus 23:12a) "*Deus resiste aos soberbos*" (Tiago 4:6b). Deus diz: "*O que tem olhar altivo e coração soberbo, não o suportarei*" (Salmo 101:5b). Além do desprezo divino, o orgulhoso arrogante colhe desprezo e falta de amor daqueles que o cercam.

Já o orgulhoso, fechado ao mundo, colherá tristeza e vida vazia, pois não consegue acreditar em uma verdadeira amizade, e nem se permite ser ajudado. Seja qual for o tipo de orgulho, ele sempre cria uma barreira entre o seu hospedeiro e o mundo, tornando as relações humanas, essenciais à vida, impossíveis de serem estabelecidas.

O orgulho vai contra tudo o que Cristo ensinou. Jesus foi simples e humilde de coração (Mateus 11:29). Sacrificou-se em favor dos outros.

O orgulhoso pensa estar no centro de tudo, e o orgulho traz sofrimento porque cega o entendimento quanto à posição que o sujeito ocupa diante de Deus e diante dos homens. Somos criaturas e tudo o que temos vem do Senhor. Como Paulo, devemos reconhecer que *"não que, por nós mesmos, sejamos capazes de pensar alguma coisa, como se partisse de nós; pelo contrário, a nossa suficiência vem de Deus"* (2 Coríntios 3:5).

Quanto ao próximo, todos fomos criados pelo Senhor. Todos temos valores e ninguém é insubstituível. Vangloriar-se diante das outras pessoas ou desprezá-las, achando que ninguém é sincero ou verdadeiro com você, pode impedi-lo de viver a vida que Deus lhe reservou. É preciso orar pedindo a Deus que revele o que há em nosso coração. Ter um coração reconhecedor dos favores de Deus e humilde para com o próximo é tornar-se, nas palavras de Steve Gallagher, "irresistível a Deus".

Ser orgulhoso, muitas vezes, chega a ser deprimente. Quem nunca assistiu a um filme onde alguém que não é dono de nada e nem é coisa alguma age de forma soberba, só para depois ter que se curvar ao verdadeiro herdeiro ou dono da fortuna? Chega a ser ridículo. Deus olha com desprezo quem age com soberba. Corações orgulhosos sofrem porque não alcançam o favor de Deus. Não permita que um sentimento descabido e passageiro como o orgulho te afaste de Deus. Não digo que será fácil se despojar de todo o orgulho, mas é necessário, se quisermos alcançar as bênçãos de Deus e a vida eterna ao Seu lado. Deus se utiliza do sofrimento para quebrar todo o orgulho. Como diz Watchman Nee:

> "Para quebrantar nossa vontade, Deus tem de nos impactar até que nos prostremos ao chão e digamos: *Senhor, não ouso pensar, perguntar, nem decidir pela minha vontade. Em tudo e todas as coisas, preciso de Ti!*"
>
> Sendo quebrantados, aprendemos que nosso querer não deve atuar independente da vontade do Altíssimo (...) todos os que são quebrantados por Ele são caracterizados pela submissão. No passado, podíamos dar-nos ao luxo de ser inflexíveis e obstinados, porque éramos como uma casa bem fundamentada por muitos alicerces. Como Deus remove cada uma dessas bases, a casa pode despencar. Quando os alicerces são abalados, a força da vontade interior só pode cair".

Ainda nas palavras de Steve Gallagher, *"O orgulho e pecados não confessados mantém o Senhor à distância, e o pior de tudo é que eles pensam que estão próximos de Deus, pois a soberba os cega para sua verdadeira condição espiritual"*. (Oseias 1:3; Hebreus 3:13).

Não há nada que tenhamos recebido que não nos tenha sido dado. Deus é o Criador e provedor. A glória é dEle e de mais ninguém. Não queira tomar o lugar que só pertence a Deus. Não se coloque em posição superior aos seus semelhantes. Se for preciso se humilhar, humilhe-se, mas evite o sofrimento maior, que é passar a eternidade para sempre longe de Deus.

4. Infidelidade – Todos sabemos os prejuízos e sofrimentos que uma infidelidade traz. Muitas vezes, um único momento de prazer gera sofrimento para o resto da vida. Um filho fora do casamento. Uma relação destruída. Confiança perdida. Credibilidade jogada ao vento. Filhos magoados. *"Há um caminho que ao homem parece direito, mas ao cabo dá em caminhos de morte. Até no riso tem dor no coração, e o fim da alegria é tristeza. O infiel de coração dos seus próprios caminhos se farta."* (Provérbios 14:12-14a).

A infidelidade corta relações. Despedaça a confiança. Gera sofrimentos. Deixa marcas. Se você foi infiel a Deus, a um amigo ou ao seu cônjuge, certamente sofrerá as consequências. *"A tua malícia te castigará, e as tuas infidelidades te repreenderão; sabe, pois, e vê que mau e quão amargo é deixares o Senhor, teu Deus"* (Jeremias 2:19).

É claro que Deus perdoa o que se arrepende, mas o sofrimento gerado por uma traição é dificilmente anulado. Se você tem consciência que o sofrimento vivido é consequência de alguma infidelidade cometida, arrependa-se, pedindo forças a Deus para aprender com o seu erro e não cometê-lo mais. Deus é bom e compassivo. Ao que se arrepende, Ele dá uma nova chance: *"Curarei a tua infidelidade, Eu de mim mesmo os amarei, porque a minha ira se apartou deles."* (Oseias 14:4). Se esse não é o seu caso, permaneça no caminho da fidelidade até o fim, pois certamente a recompensa virá. *"Sê fiel até a morte, e dar-te-ei a coroa da vida"* (Apocalipse 2:10).

Pela palavra de Deus e pelo que vemos todos os dias, sabemos que o caminho da infidelidade, seja ela a Deus, ao amigo ou ao cônjuge, sempre traz sérios prejuízos. Não troque o que Deus tem para você por um momento fugaz de prazer! Seja fiel e evite os sofrimentos que uma traição sempre traz!

5. Inveja – *"O ânimo sereno é a vida do corpo, mas a inveja é a podridão dos ossos"* (Provérbios 14:30). Segundo o Dicionário Bíblico Wycliffe: *"A inveja é um princípio ativo de hostilidade dirigido maliciosamente a um aspecto de superioridade – real ou suposta – de outra pessoa. Originou-se da fracassada tentativa de Satanás de usurpar os atributos divinos. (Isaías 14:12-20). (...) a palavra grega phthonos, que designa "inveja" em todas as passagens, caracteriza a natureza humana (Romanos 1:29; Tiago 3:3) e a "carne" (Gálatas 5:19, 21). Sua manifestação entre os cristãos é proibida (Gálatas 5:26; 1 Timóteo 6:4; 1 Pedro 2:1)"*.

Sendo a inveja de procedência maligna, suas consequências já são anteriormente conhecidas. Para o invejoso obstinado, não há espaço no céu. Além da colheita eterna, não desfruta com prazer o que lhe é oferecido em vida. A pessoa invejosa vive em função de outra, podendo cometer uma série de outros erros, frutos desse sentimento diabólico. Por causa da inveja, Caim assassinou o próprio irmão (Gênesis 4:5). Os irmãos de José o venderam como escravo por terem inveja de sua retidão e do bom relacionamento que desfrutava com o pai, Jacó (Gênesis 37:11). A inveja de Saul em relação a Davi o fez cometer uma série de atrocidades, como também instigou os líderes judeus a entregarem Jesus a Pilatos (Mateus 27:18).

O invejoso não busca prosperar e nem reconhece os valores que tem. Por causa da competição com o outro, vive para prejudicar àquele que julga ter o que pensa que deveria ser seu. Torna-se um vivente miserável. Tudo o que faz é movido por rivalidade, não desfrutando de nada, além de ser reprovado pelo Senhor, pois Deus não julga apenas os nossos atos, mas também as intenções do coração. *"Aquele que tem olhos invejosos corre atrás das riquezas, mas não sabe que há de vir sobre ele a penúria"* (Provérbios 28:22).

O coração invejoso necessita do Espírito Santo para a remissão. Se você tem vivido em função de competir com outra pessoa, seja em aspectos materiais, físicos ou espirituais, não precisa sentir-se envergonhado, mas leve esse sentimento a Deus para que Ele o transforme. A inveja nunca trouxe benefícios a ninguém, a não ser tristeza, vazio! Reconheça seu valor e peça a Deus a capacidade de alegrar-se com os valores e conquistas dos outros.

Em aspectos materiais, a Bíblia adverte a não termos inveja dos ricos. Se esforce e trabalhe para ter seu sustento. Riqueza não é sinônimo de felicidade, além de ser passageira, pois não podemos levá-la conosco além desta vida. A maior de todas as riquezas está em conhecer a Cristo e possuir a vida eterna. *"Não acumuleis para vós outros tesouros sobre a terra, onde a traça e a ferrugem corroem e onde ladrões escavam e roubam; mas ajuntai para vós outros tesouros no céu, onde traça nem ferrugem corrói, e onde ladrões não escavam, nem roubam; porque, onde está o teu tesouro, aí estará também o teu coração"* (Mateus 6:19-21).

Quanto ao aspecto físico, Deus fez cada um como deveria ser. Nossa aparência física não diz nada sobre o coração. *"Porém o Senhor disse a Samuel: Não atentes para a sua aparência, nem para a sua altura, porque o rejeitei; porque o Senhor não vê como o homem vê. O homem vê o exterior, porém o Senhor, o coração"* (1Sm. 16:7). Seja bonito em suas atitudes. Embeleze sua alma com os atributos divinos, ao invés de apodrecê-la com o câncer maligno que é a inveja. Aprecie o que Deus lhe deu e como Ele lhe fez!

Em se tratando do contexto espiritual, Deus deu a cada um a carga que pode suportar. Deus distribui talentos segundo a capacidade de cada um. Todos nós temos lugar certo e importante no reino de Deus. Somos exortados a não fazer nada por inveja ou competição, porque importa o crescimento do Reino e o semear da Palavra. No reino espiritual não somos competidores, mas, sim, irmãos lutando por uma mesma causa. Se o seu sentimento em relação às pessoas tem sido de inveja, ore a Deus para que mude e transforme seu coração, pois no reino de Deus não há espaço para esse tipo de sentimento.

6. Rancor – Sendo humanos, é comum a manifestação de raiva, ira, mágoa e rancor quando somos feridos, ofendidos ou injustiçados. Porém, é preciso impedir que qualquer tipo de mágoa crie raízes, porque mágoa enraizada gera rancor, famoso por estrangular corações. Além de criar barreiras para a manifestação da bênção de Deus, a medicina atesta que coração amargurado traz sérios prejuízos à saúde. A maioria das pessoas que sofrem do coração, pressão alta ou de doenças emocionais possuem algum tipo de situação mal resolvida.

Não liberar perdão sobrecarrega o coração! Não é um caminho fácil, mas o perdão ainda é o melhor de todos os caminhos. Se a injustiça lhe causou sofrimento, mais sofrimento lhe causará reter o perdão. O primeiro passo é parar de se concentrar no que fez o ofensor e trazer à memória Jesus, que primeiro nos amou. Não há outro caminho. Eu sei que na prática não é tão simples como parece, mas, sinteticamente falando, o perdão que recebemos de Deus tem ligação direta com o perdão que ofertamos ao próximo.

Não fantasio uma relação de amizade com quem nos traiu. Gosto do conceito de que perdoar alguém que não demonstra mudança de comportamento não é dar-lhe novo crédito, mas saldar-lhe o débito. Acredito, sim, que não devemos guardar ódio, pois, frequentemente, gera um obstinado desejo de vingança, não deixando espaço para a justiça divina. Paulo aconselha: *"Irai-vos e não pequeis; não se ponha o sol sobre a vossa ira, nem deis lugar ao diabo"* (Efésios 4:26, 27). Damos lugar à iniquidade quando fazemos justiça por conta própria. A raiva é legítima. Mas, como dito anteriormente, devemos levar nossos piores sentimentos Àquele que resolve tudo e pode nos fazer obter uma nova perspectiva quanto ao ofensor.

Pode parecer uma declaração radical, mas há perdão para todos os delitos. Do ponto de vista espiritual, temos condições, sim, de perdoar o pior dos ofensores, porque pior ofensa foi a que todos nós cometemos contra Deus, que nos absolveu da merecida condenação. Essa verdade é bem ilustrada pelo próprio Jesus:

> *"Por isso, o reino dos céus é semelhante a um rei que resolveu ajustar contas com os seus servos. E, passando a fazê-lo, trouxeram-lhe um que lhe devia dez mil talentos. Não tendo ele, porém, com que pagar, ordenou o senhor que fosse vendido ele, a mulher, os filhos e tudo quanto possuía e que a dívida fosse paga. Então, o servo, prostrando-se reverente, rogou: sê paciente comigo, e tudo te pagarei. E o senhor daquele servo, compadecendo-se, mandou-o embora e perdoou-lhe a dívida. Saindo, porém, aquele servo, encontrou um dos seus conservos que lhe devia cem denários; e, agarrando-o, o sufocava, dizendo: Paga-me o que me deves. Então, o seu conservo, caindo-lhe aos pés, lhe implorava: Sê paciente comigo, e te pagarei. Ele, entretanto, não quis; antes, indo-se, o lançou na prisão, até que saldasse a dívida. Vendo os seus companheiros o que se havia passado, entristeceram-se muito e foram relatar ao seu senhor tudo que acontecera. Então, o seu senhor, chamando-o, lhe disse: Servo malvado, perdoei-te aquela dívida toda porque me suplicaste; não*

devias tu, igualmente, compadecer-te do teu conservo, como também eu me compadeci de ti? E, indignando-se, o seu senhor o entregou aos verdugos, até que lhe pagasse toda a dívida. Assim também meu Pai celeste vos fará, se do íntimo não perdoardes cada um a seu irmão" (Mateus 18:23-35).

Podemos perdoar porque Cristo nos perdoou. Às vezes, o processo será lento, mas é necessário. O ódio nos afasta de Deus e gera sofrimento. Lembre-se do que a sua ofensa fez com Jesus. Perdoe e viva!

7. Desonestidade – A desonestidade pode causar solidão e, em alguns, cadeia. Muitos foram privados da liberdade porque foram desonestos. O sofrimento foi consequência de um caminho tomado por eles. Além disso, o desonesto é reprovado por Deus, que ama a verdade e a justiça. *"Como o louco que lança fogo, flechas e morte, assim é o homem que engana a seu próximo"* (Provérbios 26:18, 19a).

Deus abomina a injustiça. Todo aquele que é injusto traz sobre si a ira de Deus. *"Balança enganosa é abominação para o Senhor"* (Provérbios 11:1) *"O que semeia a injustiça segará males"* (Provérbios 22:8a). Muitas vezes, em momentos de apuros, a desonestidade parece ser a única saída. Mas isso é um grave engano. A verdade, a justiça e a honestidade sempre são a melhor opção. Ainda que no presente pareça sacrificante demais permanecer honesto, o tempo mostrará que vale a pena o sacrifício.

8. Imoralidade – Ao criar o homem e a mulher, Deus os constituiu, cada um com suas peculiaridades, para que juntos se completassem, tanto emocional quanto fisicamente. O ato sexual praticado dentro dos parâmetros estabelecidos por Deus é saudável, prazeroso e nada perigoso. Porém, a perversão do plano original de Deus trouxe consequências amargas. Segundo Walter Brunelli:

"A sexualidade não torna ninguém menos espiritual, quando encarada e exercida dentro dos padrões sadios e sagrados para os quais se destina, e não há do que se envergonhar nisto. O desvio dos propósitos da sexualidade é imoralidade e, portanto, se constitui em pecado. O amor *Eros* nada tem a ver com imoralidade, a menos que seja conduzido para ela. Uma relação sexual entre um homem e uma meretriz tem como motivação o prazer carnal. (...)

Por isso Paulo diz que '*o que se ajunta a uma meretriz, faz-se um com ela*' (1 Coríntios 6:16), isto é, iguala-se a ela no sentido de fazer de seu corpo um simples objeto de prazer, desprezando o valor da pessoalidade de cada um. A expressão italiana 'fare all'more' – 'fazer amor' – para referir-se a um simples ato sexual é puro abuso da palavra. Quando *eros* está presente, não se 'faz amor', mas vive-se o verdadeiro amor, como casal. A diferença fundamental é que, sem *eros*, a busca do desejo é mecânica e animal, enquanto que em *eros* o desejo repousa sobre a busca da pessoa amada... Quando há *eros*, há coabitação com entendimento; há respeito e compreensão quando falta ao outro possibilidades físicas ou psicológicas para uma relação".

A perversão sexual tem trazido sérios prejuízos à humanidade. Na busca pelo prazer fora do casamento, muitos lares são destruídos. As doenças sexualmente transmissíveis se proliferam de forma assustadora, principalmente em coabitações homossexuais.

O adultério e o sexo pré-matrimonial são condenáveis aos olhos do Senhor. Deus criou o homem e a mulher para se tornarem uma só carne, dentro de um compromisso sério, que honre o padrão divino, que não apenas glorifica o Pai, como também protege o casal de muitas consequências indesejáveis. Vale a pena questionar: Como seria nosso mundo se todos seguissem esse padrão? Menos doenças, menos filhos indesejados, menos mães solteiras, menos abortos, etc. Sabemos que não é garantia, mas muita coisa ruim é evitada quando agimos de forma responsável em relação ao sexo.

A pergunta se repete: por que não fazer sexo com quem se ama? Retruco: Amam-se mesmo? Por que não se comprometem de fato um com o outro? O coração é traiçoeiro. Nos faz pensar que é amor o que não passa de paixão passageira. Como está escrito em Jr. 17:9, "*Enganoso é o coração, mais do que todas as coisas, e desesperadamente corrupto; quem o conhecerá?*". A Palavra de Deus é o padrão a seguir. O coração pode nos trair. Nossos sentimentos não são tão confiáveis. Mas a Palavra de Deus é perfeita. É a resposta certa para os mais profundos anseios.

Sobre o assunto, escreveu e divulgou, no site Canção Nova, o professor Felipe Aquino:

"A união sexual só tem sentido no casamento, porque só neste existe um "comprometimento" de vida conjugal, vida a dois, no qual cada um assumiu um compromisso de fidelidade com o outro, para sempre, diante da comunidade e diante de Deus. Cada um é "responsável" pelo outro até a morte, em todas as circunstâncias fáceis e difíceis da vida. (...) As consequências do sexo vivido fora do casamento são terríveis: famílias destruídas, pais e mães solteiros; filhos abandonados ou em orfanatos. Muitos desses se tornam meninos de rua, cada vez mais numerosos, muitas vezes buscando nas drogas e no crime a compensação de suas dores. Quantos abortos são cometidos porque se busca apenas egoisticamente o prazer do sexo antes do casamento, e depois se elimina o fruto: a criança! As doenças venéreas são outro flagelo do sexo antes do casamento, ou fora dele. Ainda hoje convivemos com os horrores da sífilis, sem falar do flagelo moderno da AIDS. No casamento, ninguém pega AIDS, sífilis ou outra enfermidade se ambos são fiéis um ao outro. Por isso, o verdadeiro remédio contra a AIDS é a vivência sexual apenas no casamento; e não, como se propõe irresponsavelmente, o uso de 'camisinhas', ao invés de se eliminar o vício pela raiz. (...) Para tudo existe a hora certa, na qual as coisas acontecem com equilíbrio e com as bênçãos de Deus. Eu sei que esta proposta não é fácil, mas eu quero dizer que é muito bela. Eu sei que o mundo lhe diz exatamente o contrário, pois ele não quer entrar pela "porta estreita" (Mateus 7:14), mas esta é a que conduz à vida eterna".

"Digno de honra entre todos seja o matrimônio, bem como o leito sem mácula; porque Deus julgará os impuros e adúlteros" (Hebreus 13:4). Evite os sofrimentos que a prostituição e a imoralidade podem trazer. Obedecer ao que diz a Palavra é melhor. Trará firmeza aos seus passos e direção certa ao caminho. Os impuros não terão parte no reino dos céus. Lembre-se disso: não vale a pena trocar uma família estruturada por uma precipitação. Não compensa trocar a Eternidade por uma vida de prazeres efêmeros. Espere o tempo de Deus e, certamente, você evitará muitos sofrimentos desnecessários.

Ainda há muitas sementes que plantadas trazem destruição; porém, vou deter-me nas já citadas. O futuro é fruto das escolhas do presente. A lei da semeadura é válida para todos. "Porque semeiam ventos, segarão tormentos" (Oseias 8:7a). Em dito mais popular: "quem semeia vento, colhe tempestade". Como diz o meu avô, Nestor H. Mesquita: "Não vale a pena semear vento...".

"Quem semeia vento,
   a qualquer momento
   colhe tempestade!

Significa viver
à margem de grandes perigos,
forjando planos malignos!...

Tal semeadura
também significa
colher vida verde
bem antes de estar madura!

Não vale a pena semear vento!"

Escolha o projeto de Deus para sua vida – sempre! Não semeie destruição. Muito do sofrimento humano vem de escolhas equivocadas. Talvez você já tenha feito algumas delas, mas pode, enquanto há vida, trabalhar no reparo destas más escolhas. Não se lamente pelas consequências que precisa enfrentar. Encare-as de frente e se redima. Aproveite o tempo que tem e faça a melhor de todas as escolhas: volte-se para Deus e decida viver!

Capítulo 11

Consumidos Sem Causa

> "Perguntou o Senhor a satanás: Observaste o meu servo Jó? Porque ninguém há na terra semelhante a ele, homem íntegro e reto, temente a Deus e que se desvia do mal. Ele conserva a sua integridade, embora me incitasses contra ele, para o consumir sem causa"
>
> Jó 2:3

O justo perece? Pessoas boas sofrem? O justo paga pelo injusto? Existe sofrimento imerecido? Sim! O justo perece. Pessoas boas sofrem. O justo paga pelo injusto, e existe muito sofrimento imerecido. É inevitável o conflito: se Deus é bom, por que permite a injustiça? Se Deus ama Seus filhos, por que permite provações tão amargas? Por que pessoas totalmente envolvidas no Reino são torturadas e mortas nos campos missionários? Por que crianças inocentes precisam conviver com a dor, sem nunca terem feito mal a ninguém? Por que um inocente é levado preso, enquanto o culpado segue em liberdade? Por que a jovem menina, inocente e sem malícia, pôde ser cruelmente violentada, tendo sua infância roubada? Por que Deus não age de forma sobrenatural para tão somente impedir o mal e sofrimentos sem causa?

O leitor há de convir que ninguém pode responder satisfatoriamente tais questionamentos. Sendo consciente da complexidade dos mesmos, não há em mim pretensão, nem mesmo de tentar respondê-los. Diante do incompreensível, vislumbro duas alternativas: o fatalismo pessimista, onde viver é sofrer desembocando na aniquilação final, ou o caminho da fé.

A perspectiva quanto ao sofrimento imerecido sofre mudanças radicais se a mente é alimentada com verdades eternas. Não falo do sentir, porque sofrer é dor. Falo de resiliência, aceitação e fé.

Colhi pensamentos diversos sobre o propósito de sofrimentos, aparentemente injustos para aquele que sofre. Talvez você não seja incrédulo nem murmurador. É possível que tenha caminhado em obediência e temor, desviando-se do mal e vivendo de forma íntegra e adornada com os frutos do Espírito. Ainda assim, tem sofrido a penúria de uma grave enfermidade, perseguição ou injustiça. Quem sabe você não se identificou com nenhuma das situações até aqui colocadas? Tudo bem.

Então, vamos falar agora sobre aquele sofrimento que você não entende porque existe. É aquela dor que ninguém vê. É a cruz que você carrega nos ombros no limite máximo de suas forças. É o porquê não respondido. Eles existem. Longe de mim querer lhe causar frustração, mas muitos deles continuarão sem respostas, pelo menos por enquanto, assim como sucedeu a Jó.

No comentário da Bíblia de Estudo Despertar, a situação é exposta da seguinte forma:

> "Nós, leitores, sabemos que o sofrimento de Jó veio de uma conversa entre Deus e Satanás (Jó 1:6-12; 2:1-7). Mas Jó e os outros não tinham ideia do que estava acontecendo no invisível reino espiritual; eles podiam somente supor ou especular. Os amigos de Jó acreditavam que Jó vivia em falsidade, pecados escondidos e erros, que eram a causa do seu sofrimento. Jó, sabendo que seu coração era puro, não poderia concordar com as explicações de seus amigos. Mas ainda ele não tinha uma resposta para a inquietante pergunta: por quê? (...) Ele começou a questionar o senso de justiça de Deus. Enquanto Deus nunca explicava completamente a Jó por que o desastre lhe tinha acontecido, Ele o levava a um ponto de autoexame. Isso expandia o entendimento de Jó sobre Deus e lhe dava perspectivas para continuar vivendo. Nem Jó pôde, nem qualquer outra pessoa que tenha sofrido sérias perdas pode entender completamente porquê tal catástrofe acontece. Mas, se nós estamos dispostos a confiar no Deus da justiça e pôr nossa vida em Suas poderosas mãos, uma equilibrada restauração pode ter lugar, como foi feita na vida de Jó".

Observe: Satanás questionou os motivos religiosos de Jó, sugerindo que Deus estaria comprando a fidelidade do mesmo. Deus conhecia o coração de Jó, e mesmo assim foi Ele, e não Satanás, quem destacou Jó para ser submetido à provação. Depois do primeiro teste, Deus "admite" que Jó não precisava literalmente passar por aquela provação. No versículo 3 do capítulo 2, observamos que a expressão "sem causa" demonstra que Satanás é que tinha cometido um erro, e não Jó.

Jó não estava sofrendo em consequência de algum pecado cometido; e, ao ser acusado pelos amigos, passa a se lamentar e apresenta um questionário a Deus. Outro ponto importante a ressaltar é que depois da derrota sofrida por Satanás, ele sai de cena e o "embate" fica entre Jó e Deus. Jó pergunta e Deus responde, certo? Não mesmo! Deus permanece em silêncio. Calado. Mudo. Quando finalmente decide falar, não responde as perguntas de Jó, porém, concede a ele uma visão nova sobre tudo. Segundo o Dicionário Bíblico Wycliffe,

> "os sofrimentos aos quais cada cristão está sujeito representam um mistério para cada um, no sentido de não entender o porquê foi escolhido para sofrer mais, ou de forma diferente dos outros. Às vezes, ele não consegue entender as imperfeições que Deus está procurando corrigir. Em outras ocasiões, ele não entende os objetivos que Deus está procurando fazer com que ele alcance na vida. Ninguém conhece as tarefas específicas para as quais o Senhor o está preparando, para a consecução da Sua própria glória. A experiência de Jó é um exemplo clássico. Seus amigos tentaram racionalizar seus sofrimentos e colocar a culpa sobre ele, mas isso não serviu como resposta. Finalmente, Jó enxergou a mão de Deus em cada detalhe na exposição de sua natureza fraca e pecaminosa (Jó 40:4) e submeteu-se à suprema autoridade e sabedoria de Deus, da mesma forma que Paulo: '*Ó profundidade das riquezas, tanto da sabedoria, como da ciência de Deus! Quão insondáveis são os seus juízos e quão inescrutáveis, os seus caminhos!*' (Romanos 11:33). No caso de Jó, a fé era a resposta, assim como aconteceu com Abraão e Paulo. À medida que Deus revelou-se a Jó, a fé de Jó foi crescendo a ponto de ele exclamar: '*Ainda que ele me mate, nele esperarei*' (Jó 13:15,16)".

Como disse Max Lucado: "*A solução não é evitar os problemas, mas mudar o modo como os vemos. Deus pode corrigir-lhe a visão (...) Antes de ouvir a Deus, Jó não podia falar o suficiente. Depois de ouvir o Senhor, simplesmente não pôde falar*".

Eu sei que na hora da dor a visão fica limitada e as perspectivas corretas, distorcidas. Mas insisto neste ponto porque é verdadeiro. A visão quanto ao sofrimento muda radicalmente, se realmente conseguimos entender e aceitar a soberania de Deus e, com ela, o mistério glorioso da Eternidade.

Faço coro à voz de Philip Yancey: "*As ocasiões de maior perplexidade, parecidas com a de Jó, ajudam a fertilizar a fé e nutrir uma comunhão mais profunda com Deus. A fé mais profunda, que tenho chamado de fidelidade, brota num ponto de contradição, como uma folha de grama brota entre pedras*". Concordo com Erwin Lutzer, quando diz: "*Com Deus, há poucas respostas; sem Ele, não há nenhuma*". Se somos cristãos, é porque cremos em um só Deus, soberano, fiel e justo em tudo que faz, e como Seus filhos, devemos honrar o Seu nome, como também o sacrifício que realizou por nós. Concordo que não é fácil.

Como diz Frederick Buechever: "*Receber o mandamento de amar a Deus acima de tudo, ainda mais estando no deserto, é como receber a ordem de sentir-se bem quando se está doente, cantar de alegria quando se morre de sede, correr quando as pernas estão quebradas. Todavia, este é o primeiro e o maior dos mandamentos. Mesmo no deserto – especialmente no deserto – devemos amá-Lo.*". E, como cristãos, vivemos de fé em fé. Vivemos de promessas e não de explicações. John Oxenham parece ter captado esta verdade ao escrever o seguinte:

> "Ele escreveu com letras grandes o bastante para que nossa visão restrita entendesse; pegamos frases soltas e tentamos desvendar todo o mistério das esperanças enfraquecidas, da morte, da vida. A guerra sem fim, a discussão inútil, mas lá, com uma visão ampliada e com maior nitidez, veremos isso – o caminho dEle estava certo".

Sabemos que, no final das contas, a causa de todo sofrimento é o pecado – o primeiro pecado que brotou no coração de Lúcifer, o pecado de Adão e Eva que os separou de Deus, os nossos próprios pecados, os pecados dos governos, os pecados de tantos outros que não conhecemos, e que mesmo assim nos afetam.

Portanto, é válido o que diz o Pr. Silas Daniel: "*Se o sofrimento entrou no mundo por causa do pecado, Deus não é o causador do sofrimento; e se Ele o permite, mesmo quando não consigo evitá-lo, o mais coerente seria ver as intempéries como aliados na formação e aprimoramento de traços e silhuetas positivas na alma. Esse é o ensino bíblico*". Segundo Alexander Carvalho, "*podemos cometer suicídio espiritual ao desistirmos de Deus ou da fé nas desventuras da vida. Suportar significa nossa felicidade, sim, porque não há tempestade que dure para sempre ou amanhã que nunca chegue. Suportar é o caminho para ver a tempestade passar e o dia brilhar em toda sua intensidade".* Suportar é o caminho.

Jesus não enganou Seus seguidores quanto ao sofrimento. Não prometeu livrá-los das perseguições. Não lhes ofereceu um caminho sem dor e sacrifícios. Pelo contrário, alertou sobre tudo isso. Deixou bem claro. Em contrapartida, concedia a eles descanso para suas almas e a certeza de que, em breve, todo sofrimento fará parte de um passado esquecido, e reinaremos com Ele em toda Sua glória e poder, eternamente. Como disse Tozer: *"O homem que crê de maneira correta em Deus é aliviado de 10 mil problemas temporais, pois ele vê de maneira cabal que isto tem a ver com assuntos que, na melhor das hipóteses, não o podem preocupar por muito tempo".*

Jesus disse: *"Quem não toma a sua cruz e vem após mim não é digno de mim".* (Mateus 10:38), *" Quem quiser, pois, salvar a sua vida perdê-la-á; e quem perder a vida por causa de mim e do evangelho salvá-la-á"* (Marcos 8:35). O sofrimento está presente no mundo por causa do pecado. Toda a criação sofre. E quanto aos que seguem a Cristo, a história não é diferente, pois lutamos e buscamos viver de acordo com a verdade, em oposição ao reino das trevas que domina uma população rebelde a Deus, trazendo, portanto, fortes perseguições contra Seus filhos. E é justamente na hora do sofrimento que devemos demonstrar o porquê de servirmos a Deus.

Os corações endurecidos que os mais belos e poderosos sermões não podem amolecer, nem mesmo a mais doce e serena música penetrar, a postura de fé e serenidade diante da dor certamente podem quebrar. A forma que encaramos o sofrimento, seja ele com ou sem causa, fala mais a respeito da nossa fé do que qualquer outra coisa. E como discípulos de Cristo, O temos como padrão pelo qual devemos entender nossas próprias vidas, com todos os porquês para os sofrimentos aos quais somos submetidos. Aquele que sofre se identifica com Cristo, o exemplo perfeito para todos os sofredores.

Como está escrito em 1 Pedro 2:19-24:

"Porque isto é grato, que alguém suporte tristezas, sofrendo injustamente, por motivo de sua consciência para com Deus. Pois que glória há, se, pecando e sendo esbofeteados por isso, o suportais com paciência? Se, entretanto, quando praticais o bem, sois igualmente afligidos e o suportais com paciência, isto é grato a Deus. Porquanto para isto mesmo fostes

> *chamados, pois que também Cristo sofreu em vosso lugar, deixando-vos exemplo para seguirdes os seus passos, o qual não cometeu pecado, nem dolo algum se achou em sua boca; pois ele, sendo ultrajado, não revidava com ultraje; quando maltratado, não fazia ameaças, mas entregava-se àquele que julga retamente, carregando ele mesmo em seu corpo, sobre o madeiro, os nossos pecados, para que nós, mortos para os pecados, vivamos para a justiça; por suas chagas, fostes sarados".*

O sofrimento faz parte da vocação cristã. "Ora, todos quantos querem viver piedosamente em Cristo Jesus, serão perseguidos" (2 Timóteo 3:12). Fique bem claro que Deus não tem prazer no sofrimento. A questão é que ainda vivemos em um mundo sob os efeitos do pecado, em constante oposição a Deus e Seus servos, que buscam viver piedosamente na verdade e justiça. Porém, vale lembrar que, se estamos unidos com Cristo em Seus sofrimentos, também estaremos unidos com Ele na ressurreição.

Paulo, que sofreu perseguições sem medida por amor a Cristo, confortou os cristãos em Corinto, fornecendo àquela igreja uma visão ampliada sobre o valor do sofrimento. Não romantizou, muitos menos negou as aflições que os acometiam, mas procurou levar o entendimento daquele povo para a eternidade, encontrando no próprio sofrimento razão para gloriarem-se. "*Bendito seja o Deus e Pai de nosso Senhor Jesus Cristo, o Pai de misericórdias e Deus de toda consolação! É Ele que nos conforta em toda a nossa tribulação, para podermos consolar os que estiverem em qualquer angústia, com a consolação com que nós mesmos somos contemplados por Deus. Porque, assim como os sofrimentos de Cristo se manifestaram em grande medida a nosso favor, assim também a nossa consolação transborda por meio de Cristo. A nossa esperança a respeito de vós está firme, sabendo que, como sois participantes dos sofrimentos, assim o sereis da consolação. Contudo, já em nós mesmos, tivemos a sentença de morte, para que não confiemos em nós, e sim no que Deus que ressuscita mortos*" (2 Coríntios 1:3-5; 7, 9 e 10a).

Chega a ser paradoxal, mas nossos sofrimentos podem trazer glória ao nome de Deus. Talvez, essa seja a única causa de determinados sofrimentos. Mas há também o ministério da consolação. Como citado nos versículos anteriores, assim como Deus nos consola em nossas tribulações, somos consoladores uns dos outros. Carlos H. Spurgeon, um dos maiores pregadores que este mundo já viu, acerca de seus sofrimentos e seu ministério de consolação, expressou:

"Como está registrado que Davi, no calor da batalha, abateu-se, assim se pode escrever de todos os servos do Senhor. Crises de depressão acometem a maioria de nós. O forte nem sempre está vigoroso, o sábio nem sempre é expedito, o bravo nem sempre é corajoso, e o alegre nem sempre está feliz. Pode ser que existam aqui e ali homens de aço a quem o ralar e o rasgar não causam nenhum dano perceptível, mas por certo a inércia desgasta mesmo a estes; e quanto aos homens comuns, o Senhor sabe e os faz saber que não passam de pó. Sabendo pela mais penosa experiência o que significa uma profunda depressão de espírito, sendo visitado por ela frequentemente e a intervalos não demorados, achei que poderia ser consolador para alguns de meus irmãos se partilhasse meus pensamentos sobre isso para que os mais jovens não imaginem que algo estranho lhes acontece quando tomados em alguma ocasião pela melancolia; e para que os mais deprimidos saibam que a pessoa sobre quem o sol está brilhando nem sempre andou na luz".

Unindo-se à voz de Spurgeon, Charles Stanley explica:

"Deus permite que tragédias ocorram em nossas vidas para que Ele possa nos confortar. Uma vez que tenhamos lidado com nossas feridas, Ele coloca em nosso caminho alguém com quem nos identificamos, e assim recebemos conforto. Isso é parte da estratégia divina para nos fazer amadurecer. Deus preocupa-se em providenciar consoladores para nós. E ninguém melhor para consolar que alguém que já tenha lutado com algum tipo de dor ou tristeza e emergido vitorioso dessa experiência. O pior consolador é aquele que nunca precisou ser confortado".

Suportar a cruz nos trará um eterno peso de glória. Em seu sermão, *Tomando a Cruz,* Thomas A. Kempis escreveu:

"... a cruz é a maneira certa de viver bem, é o melhor ensinamento de como sofrer adversidade, é a escada mais firme por meio da qual subimos ao céu por seu sinal. É esta que conduz seus amantes ao país da luz eterna, da paz eterna, da bem-aventurança eterna, que o mundo não pode dar, nem o diabo tirar. A fraqueza humana detesta o sofrimento da pobreza, vilania, desdém, fome, fadiga, dor, necessidade, escárnio, que muitas vezes são sua sorte, e que pesam e perturbam os homens. Mas todas estas coisas unidas formam, por seus sofrimentos múltiplos, uma cruz saudável, ordenando assim Deus esta dispensação para nós. Aos verdadeiros portadores da cruz, eles abrem o portão do Reino celestial. Essa luta para eles prepara a palma da vida; essa conquista para eles representa o diadema de glória eterna. (...) Irmãos bons e religiosos, que estão inscritos na obediência, têm, na aflição diária de seus corpos e na resignação de suas vontades, uma cruz que em seu aspecto exterior é pesada e amarga. Mas, é interiormente cheia de doçura, por causa da esperança de salvação eterna, e o afluxo de consolo divino, que é prometido àqueles que são quebrantados de coração. (...) Deus prova Seus amigos pela santa cruz, se O amam verdadeiramente ou em aparência, e se guardam Seus mandamentos perfeitamente. Eles são provados principalmente pela tolerância às injúrias e pela remoção das consolações internas; pela morte de amigos e pela perda de propriedade; pelas dores de cabeça e pelos ferimentos nos membros; pela abstinência de comida e pela aspereza das roupas; pela dureza da cama e pela frieza dos pés; pelas longas vigílias da noite e pelas fadigas do dia; pelo silêncio da boca e pelas reprovações dos superiores. Pelos vermes que roem e pelas línguas que depreciam. Em seus sofrimentos, eles são consolados pela meditação devota da paixão do Senhor, como muitos devotos sabem muito bem em seu coração. É deles o provar o mel escondido na rocha, e o óleo da misericórdia que goteja da bendita madeira da cruz santa, cujo gosto é mui delicioso, cujo odor é mui doce; cujo toque é mui saudável; cujo fruto é mui feliz. (...) tu pensas que sem a cruz e sem dor tu podes entrar no reino dos céus, quando Cristo nem poderia, nem entraria, nem qualquer dos Seus amigos e santos mais amados ganharia dEle tal privilégio? (...) Mas se alguém se jacta e espera as glórias e honras deste mundo, está na verdade enganado, e absolutamente não levará consigo nada do que esteve acostumado a amar no mundo. Não te apartes da cruz que tu tomaste, mas leva-a e carrega-a contigo mesmo até a morte, e tu acharás descanso eterno, e glória e honra celestiais".

A resposta é a fé. O caminho é suportar. O segredo é abraçar a cruz e não desprezá-la. Será mais digno e prazeroso sofrer por amor a Cristo do que desperdiçar toda uma vida buscando aquilo que não permanece. A eternidade muda tudo. *"Porque para mim tenho por certo que os sofrimentos do tempo presente não podem ser comparados com a glória que será revelada a nós"* (Romanos 8:18).

Segundo Lary Crabb:

> "a dor é uma tragédia, mas nunca a única tragédia. Para o cristão é sempre mais um quilômetro que deve ser percorrido na longa jornada rumo à alegria. O sofrimento causado pela destruição dos sonhos não deve ser considerado algo a ser – se possível – aliviado, nem algo a ser suportado, caso não haja outra saída. É uma oportunidade a ser aproveitada, uma chance de descobrir nosso desejo pela bênção mais elevada que Deus deseja nos dar – um encontro com Ele".

Muitas perguntas continuarão sem respostas, mas, mesmo assim, podemos encontrar a paz na esperança de alcançarmos a eternidade com Deus, livres, enfim, de todo o sofrimento. Não pretendia trazer resposta ao seu porquê, mas orei para que você escolha o caminho da fé. Pedi a Deus para que cada companheiro de jornada meu cultive em seu coração a esperança e a certeza da vida eterna, assim como fez Ray Pritchard:

> "Há vinte e três anos, quando meu pai morreu, eu enfrentei de perto a eterna e derradeira questão da vida. Naquela época, eu não entendia porque um homem tão bom tinha de morrer com cinquenta e seis anos de idade e deixar minha mãe e seus quatro filhos sem marido e sem pai. Eu não tinha ideia do que Deus estava fazendo. Nos anos que se seguiram, aprendi muitas coisas a respeito da vida, mas confesso que não entendo ainda porque meu pai morreu. Ainda não faz nenhum sentido agora, como não fazia naquela época. Estou mais velho e mais sábio, mas para a única pergunta que realmente importa, não tenho resposta. Porém, aprendi desde então que a fé é uma escolha que fazemos. Às vezes decidimos crer por causa do que vemos; com frequência cremos, apesar do que podemos ver. Quando olho para o mundo ao meu redor, muitas coisas continuam sendo um mistério sem resposta. Mas, se não existe Deus e se Ele não é bom, então nada mais faz sentido. Decidi acreditar porque preciso acreditar. Eu realmente não tenho outra escolha. Se pareço tão confiante, é apenas porque aprendi através das lágrimas que minha única certeza está em Deus e somente nEle".

O sofrimento é o processo natural de tudo aquilo que almeja beleza e perfeição. Se queres uma alma bela, um caráter impoluto e uma mente sábia, o sofrimento certamente fará parte de sua jornada, mesmo que você não tenha feito nada para merecê-lo. Alexsander Carvalho, em seu livro *A Jornada*, relembra-nos um princípio importante:

> "Tribulação, paciência, experiência e esperança. Quatro elos inseparáveis de uma mesma corrente. Quatro palavras que resumem bem a caminhada de todo cristão rumo ao amadurecimento espiritual e à glorificação no Céu. Nunca esqueça: A tribulação produz paciência. A paciência produz a experiência; a experiência produz a esperança; a esperança nunca nos decepciona".

Talvez você não mereça o que está passando. Provavelmente, continue sem respostas quanto aos porquês. É possível que seja condenado por algo que não fez, como José. Há possibilidades de entes queridos morrerem sem que você estivesse preparado para isso. Mas todo sofrimento presente é passageiro. Se formos fiéis, um dia veremos que não sofremos em vão. Lembre-se de Cristo, que sofreu o que não merecia. Porém, por Sua obediência até à morte, Deus fez o Seu nome ser acima de todos os nomes, colocando sob Ele o domínio de todas as coisas. Essa vida não é tudo o que há! Só mais uma milha e estaremos em casa.

Não sugiro que você negue sua humanidade. Mascarar o que sente não trará honra ao nome de Deus. Porém, mesmo a ponto de desesperar-se da própria vida, ainda sim, podemos guardar a fé. Em meio a dúvidas, podemos encontrar a maior de todas as verdades. Talvez seu sofrimento fosse apenas uma ilusão, decorrente de sentimentos corruptos que ainda residiam no coração. Talvez você realmente tem experimentado a dor e sofre por não conseguir entender o motivo de sua existência. Humildemente, peço a Deus por sua vida, para que você não sofra tentando responder o porquê. Tentar encontrar tal resposta é um sofrimento desnecessário e ilegítimo. Escolha confiar e a verdade sobre tudo um dia se revelará. O poema *A verdade*, de Horatius Bonar, capta de forma precisa e bela o que pretendo dizer:

> "*As grandes verdades são adquiridas com profundo amor. As verdades comuns, como as que os homens são e recebem diariamente; que vêm no caminhar corriqueiro de uma vida tranquila; e que são sopradas pelo vento natural em nosso caminho.*
>
> *As grandes verdades são adquiridas dignamente e não encontradas por acaso.*

Nem vêm como uma rajada de vento de um sonho de verão; porém, são sussurradas em meio à maior luta da alma; repetidamente golpeadas pelo vento e pela correnteza adversa.

Mas no dia do conflito, do medo e da tristeza, quando a forte mão de Deus, estendida com poder, ara o subsolo do coração estagnado, traz a semente aprisionada da verdade à luz.

Soando de um espírito aflito nas horas de dificuldade, de fraqueza, de solidão, possivelmente de dor, a verdade brota como o fruto de campos bem arados, e assim, a alma sente que não chorou em vão".

Sofrimento com fé jamais será um sofrimento em vão. E um dia veremos um propósito para cada dor... uma resposta para cada porquê, um motivo para cada lágrima, e uma razão para cada sofrimento. Mas, sinto em meu íntimo que ao olharmos a face de Jesus isso não será mais importante. Cercados pela glória de Deus e tendo em nós mesmos a mente de Cristo, não procuraremos mais respostas porque simplesmente não lembraremos mais da dor!

Vale a pena esperar...

Capítulo 12

E a História Não Era Bem Assim..

"Bem sei que tudo podes, e nenhum dos teus planos pode ser frustrado (...) Na verdade, falei do que não entendia; coisas maravilhosas demais para mim, coisas que eu não conhecia. Eu te conhecia só de ouvir, mas agora os meus olhos te veem. Por isso, me abomino e me arrependo no pó e na cinza".

Jó 42:2, 3b; 5-6

Vivia em uma pequena vila um ancião que, embora pobre, era invejado por todos porque tinha um bonito cavalo branco. Até mesmo o rei cobiçava o cavalo, pois animal como aquele nunca tinha sido visto antes, tais eram seu esplendor, majestade e força. As pessoas ofereciam-lhe quantias fabulosas pelo alazão, mas o velho sempre recusava. *"Para mim, este animal não é um cavalo!"* dizia-lhes. *"É uma pessoa. Como se pode vender uma pessoa? Ele é um amigo, e não um objeto que possuo. Como se pode vender um amigo?"*. Vivendo em grande pobreza o ancião, a tentação era grande. Mas nunca vendeu seu cavalo.

Certa manhã, descobriu que o estábulo estava vazio. Toda a vila reuniu-se ao redor do pobre homem: *"Seu velho tolo"*, zombaram, *"avisamos que alguém roubaria seu cavalo. Você é tão pobre. Como pôde esperar proteger um animal tão valioso? Teria sido melhor se o tivesse vendido. Teria obtido o preço que pedisse. Nenhuma quantia teria sido excessivamente alta. Agora o cavalo se foi e você está amaldiçoado pelo infortúnio"*.

O velho respondeu: *"Não falem tão depressa. Digamos somente que o cavalo não está no estábulo. Isso é tudo o que sabemos, todo o resto é julgamento. Se estou amaldiçoado ou não, como podem saber? Como podem julgar?"*.

O povo respondeu: *"Não nos faça de bobos, podemos não ser filósofos, mas não é necessária muita filosofia. O simples fato de seu cavalo ter desaparecido já é uma maldição*".

O velho voltou a falar: "*Tudo que sei é que o estábulo está vazio e o cavalo se foi. O resto não sei. Se é uma maldição ou uma benção, não posso saber. Tudo o que consigo ver é um fragmento da situação. Quem pode afirmar o que virá a seguir?*".

O povo da vila se pôs a rir. Pensaram que o velho estivesse louco. Sempre tinham pensado que era um tolo; se não fosse, teria vendido o cavalo e vivido com o dinheiro. Mas ao invés disso, era um pobre lenhador, um velho que ainda cortava lenha e a tirava da floresta para vendê-la. Tinha uma existência precária, na pobreza. Agora tinha provado que era realmente um tolo.

Depois de quinze dias, o cavalo voltou. Não tinha sido roubado; tinha fugido para a floresta. Não apenas estava de volta, mas trouxera consigo uma dúzia de cavalos selvagens.

Outra vez o povo se reuniu ao redor do lenhador e disse: "*Velho, você estava com a razão e nós estávamos errados. O que achávamos que era uma maldição, na verdade, era uma benção. Por favor, nos perdoe!*".

O homem respondeu: "*Mais uma vez vocês exageram. Digamos somente que o cavalo está de volta, afirmemos apenas que uma dúzia de cavalos veio com ele, mas não julguemos. Como podem saber se isto é ou não uma benção? Somente podem ver um fragmento da situação. Como podem julgar sem que conheçam a história toda? Leram somente uma página do livro. Podem julgar o livro inteiro? Leram somente uma palavra de uma frase. Podem entender a frase inteira? Não digam que isto é uma benção. Ninguém sabe. Estou satisfeito com o que sei. Não me perturbo pelo que não sei*".

"*Talvez o velho esteja certo*", disseram uns aos outros. Falaram pouco. Mas, no fundo, pensavam que ele estivesse errado. Sabiam que era uma benção.

O velho tinha um filho, um único filho. O rapaz começou a domar os cavalos selvagens. Depois de alguns dias, caiu de um dos cavalos e quebrou as duas pernas. Uma vez mais, os habitantes da vila reuniram-se ao redor do velho e fizeram o julgamento.

"*Você tinha razão*", disseram. "*Provou-nos que estava certo. Os doze cavalos não eram uma benção, e sim uma maldição. O seu único filho quebrou as pernas e agora, na sua idade avançada, não tem alguém que lhe ajude. Está mais pobre do que nunca*".

O velho falou novamente: "*Todos estão obcecados por julgamentos, não se precipitem. Digamos somente que o meu filho quebrou as pernas. Quem sabe se isso é uma benção ou uma maldição? Ninguém sabe. Só temos um fragmento da situação. A vida vem em fragmentos*".

Aconteceu que algumas semanas depois aquela nação entrou em guerra contra um país vizinho. Todos os moços da vila foram convocados para o exército. Somente o filho do velho foi excluído, porque estava machucado. Mais uma vez, o povo reuniu-se em volta do velho, em prantos e lágrimas, porque os seus filhos tinham sido levados. Havia pouca probabilidade de que voltassem. O inimigo era forte e a guerra poderia ser perdida. Nunca mais veriam seus filhos.

"*Você estava certo, velho*", choraram. "*Isto prova tudo. O acidente de seu filho foi uma benção. As suas pernas podem estar quebradas, mas pelo menos está aqui com você. Os nossos filhos se foram para sempre*".

Novamente o velho falou: "*É impossível conversar com vocês. Sempre fazem conclusões precipitadas. Ninguém sabe. Ninguém é sábio o suficiente para saber. Só Deus sabe*".

Hoje, pelas Sagradas Escrituras, nos é dado o direito de olhar atrás das cortinas dos mistérios divinos o que aconteceu nos bastidores celestiais, podendo compreender, pelo menos em partes, algumas razões pelas quais Deus permitiu que Jó fosse duramente provado. Porém, ao protagonista da história foi-lhe vedado o direito de saber a causa de seu próprio sofrimento. Jó seguiu sem nenhuma explicação, sem nenhum sinal, sem conforto algum, sem palavras amigas, tendo direito apenas à própria fé que, neste caso, deveria sobrepor às circunstâncias.

Um encontro entre Jó e o velho lenhador teria sido interessante. Talvez uma bela amizade surgisse. Tanto Jó quanto o velho lenhador não julgaram o todo por um fragmento. Sabiam que Deus estava no controle e que não deixara Seu trono vazio, nem tampouco Se tornara impiedoso.

Temos muito a aprender. Constantemente julgamos uma pessoa por um único ato, um livro inteiro por uma página lida, um governo por uma deficiência, uma mensagem por uma colocação errada, uma história por um incidente, mas o pior de tudo é quando intentamos julgar a Deus por uma circunstância, perda, oração não respondida ou infortúnio que nos tenha ocorrido.

Evidente que toda a fragilidade humana se despoja de máscaras diante da dor, e como humano, Jó não poderia ter uma postura diferente quando pressionado por tamanho sofrimento. Reclamou, desejou morrer, censurou a justiça divina, mas sabia que Deus estava lá com ele, mesmo que fosse em silêncio. Estamos sujeito ao sofrimento, e como dito no primeiro capítulo deste livro, negar a existência da dor não trará benefício algum. Deus não se ofenderá se, recorrendo a Ele, disser como se sente. Interessa é que você não se afaste dEle.

Conheci uma senhora que se revelou, ao longo dos dias, ser, além de muito crítica e perspicaz, sábia e cheia de fé, embora ela mesma não se dê conta disso. Ainda que decepcionada com as religiões, é conhecedora profunda das Escrituras Sagradas. Apesar de todas as enfermidades que lhe acometeram e da dificuldade para andar, é uma mulher cheia de vida, e que sem palavras inspira muitos outros a amarem e darem valor à própria vida.

Sempre que posso, procuro deleitar-me conversando com ela. Embora anônima e nada conhecida no hall dos heróis da fé ou das "mulheres devotas", aprendi mais sobre fé com suas atitudes diante da dor do que com pessoas que estão na "mídia cristã". Suas indagações conseguem abrir caminhos para minha própria visão de mundo, além de proporcionar-me elementos que me permitem refletir sobre o que é a vida. No dia 27 de abril de 2007, ela estava em uma cama de hospital, recém-saída de uma cirurgia. Conversávamos sobre sua situação, quando declarou:

> "Késia, essa vida é uma grande ilusão. Todos nós sofremos e vivemos numa rotina que não muda. Ricos e pobres, cada um com seus dilemas... Tudo por causa de Adão e Eva. Nós não escolhemos nascer no pecado, mas sofremos com suas consequências. Não acho que tenhamos mesmo o livre-arbítrio, porque, no final das contas, só há dois caminhos para escolher. Às vezes me pergunto por que Deus criou o homem, se este estava sujeito a pecar. Agora todos nós pecamos em decorrência do que Adão fez. Como de Deus não posso esconder nada, digo sem remorsos que às vezes me sinto como marionete em Suas mãos. Me sinto assim. Acordando a cada dia e dizendo: Mais um dia, Senhor? Acho que Ele quer ver até onde eu vou; e eu irei! No final das contas, é a fé neste Deus que eu não consigo entender que tem me feito vencer!"

Essa confissão me pegou de surpresa. Mas entendi minha senhora amiga, porque já me senti como ela, e você, leitor, certamente já se sentiu assim. Acho que esse tom de revolta sempre surge nos momentos difíceis e complicados da vida, onde as coisas não saíram do jeito que planejamos. A diferença é que muitos fingem que nada está acontecendo. Pensam serem capaz de esconder o que sentem de Deus, simplesmente sufocando ou não falando sobre isso. Buscam agir como cristãos superiores, imunes a incertezas, desânimo e revoltas.

Minha amiga, Lindalva, simplesmente expôs como se sentia. Um ato sincero de uma filha que não tem a quem recorrer a não ser ao próprio Pai, de quem nada podemos esconder. Após alguns minutos de seu desabafo, fiquei um tanto pensativa sobre o fato de não termos o controle de nada em nossas mãos, e então lhe respondi: "*Sinceramente, eu prefiro assim. Eu não poderia e nem conseguiria ter sempre o controle de tudo. Isso é demais para mim, porém, muito simples para Deus*".

Acredito que Deus Se utiliza de muitos sofrimentos para nos reaproximar dEle mesmo e permitir que sejamos mais sinceros em relação a tudo, pois na dor não há nada oculto que não seja revelado. Deus busca encontrar sinceridade. Geralmente, leva-nos a um ponto de desespero, onde não aguentamos mais, para que a rendição seja completa e autêntica. Como diz Rick Warren:

> "Suas mais íntimas e profundas experiências de adoração ocorrerão provavelmente nos dias mais sombrios, quando seu coração estiver partido, você se sentir abandonado, não tiver mais nenhuma opção, a dor for intensa e você buscar somente a Deus. É durante períodos de sofrimentos que aprendemos a fazer nossas orações mais sinceras, autênticas e honestas para com Deus. Quando sentimos dor física ou emocional não temos disposição para orações superficiais. Os problemas nos forçam a olhar para Deus e a depender dEle, em vez de confiar em nós mesmos. Você nunca saberá que Deus é tudo o que você precisa até que Ele seja tudo o que você tiver".

As provações nos refinam. Ouro puro reflete quem o contempla. As provações nos levam a refletir a Divindade, principalmente se temos uma reação coerente ao sofrimento. Confesso que minha primeira intenção ao escrever este livro era realmente identificar o sofrimento sem causa e encontrar alguma resposta que justificasse sua existência. Mas preciso admitir: a história não é bem assim! Como Jó, falei do que não entendia... Sofrimentos imerecidos existem, sim, mas nunca sem propósito.

Tenhamos ou não conhecimento sobre o propósito de cada provação, ele existe, e um dia Cristo o revelará. Independente do que sentimos, Deus está conosco! Faço minhas as palavras do Pr. Gilson Breder:

> "Deus quer uma coisa para você. Quer que você saiba, que você experimente, que você declare que as provações são uma grande bênção dEle, e não um descuido. Que você vai conquistar em primeiro lugar a alegria, tomando uma posição de dizer: *Senhor, eu creio que Tu és fiel, sentindo ou não sentindo.* Observe o seguinte: Deus falou que estaria conosco, isso não depende do sentir. Se eu sinto, Ele está comigo. Se eu não sinto, Ele não está comigo. O que é isso? Se Ele falou que estaria, então vai estar mesmo. Eu sentindo ou não alguma coisa. Ele está comigo o tempo todo, independente do que eu sinta".

É provável que alguém sinta-se decepcionado ao término deste livro, mas permita-me dizer-lhe que eu jamais poderia ficar com a consciência tranquila se defendesse uma postura autopiedosa e simplesmente concordasse que você se coloque como vítima diante de tudo e de todos, como se apenas o seu sofrimento fosse válido. Deus tem um propósito para cada sofrimento, sim, mesmo quando não conseguimos entender. Falar outra coisa seria trair a verdade e comprar uma briga feia com minha própria consciência. Tome nota: nem sempre receberemos aquilo que desejamos, porém, Deus concede a cada um a provação que pode suportar e o necessário para se alcançar a vida eterna.

Um soldado morto em uma guerra civil foi encontrado com a seguinte oração escrita a punho por ele mesmo:

> "A Deus pedi forças para que pudesse realizar façanhas; fui feito fraco para que aprendesse a ser humilde e a obedecer. Pedi saúde para que pudesse fazer grandes coisas; fiquei doente para que fizesse coisas melhores. Pedi riquezas para que pudesse ser feliz; fui feito pobre para que me tornasse sábio. Pedi poder para que pudesse receber louvor dos homens; fui feito fraco para que sentisse a necessidade de Deus. Pedi todas as coisas para que pudesse desfrutar da vida, recebi vida para que pudesse e desfrutasse de todas as coisas. Não recebi nada do que pedi, mas tive tudo o que desejava. Apesar de mim mesmo, minhas orações caladas foram atendidas. De todos os homens,

sou o mais ricamente abençoado. É um grande avanço no crescimento espiritual ser capaz de dizer: Não recebi nada do que pedi, mas tenho tudo o que desejava".

Talvez você iniciou a leitura deste livro imaginando que finalmente encontraria alguém que se colocaria ao seu lado para defender sua dor. Embora eu te acolha e não menospreze seu sofrer, é meu dever chamar sua atenção para a verdade de que você não é o centro do universo e que o mundo não existe para torná-lo feliz. Aqui não é o nosso lar. Me utilizando novamente das palavras de Rick Warren:

> "Essa vida não é tudo o que há. É apenas um parêntese na eternidade. Quanto mais próximo você vive de Deus, menor todo o resto lhe parecerá. Quando você vive à luz da eternidade, seus valores mudam. Você utiliza mais sabiamente seu dinheiro e seu tempo. Você passa a dar mais valor à sua personalidade e a seus relacionamentos, em vez de valorizar fama, riqueza, realizações ou mesmo prazeres. Cada ato de nossa vida toca um acorde que soará na eternidade. Deus lhe oferece uma oportunidade além de toda uma vida".

Infelizmente, muitos vivem como se essa vida fosse tudo. Gosto muito de um poema escrito por meu avô, que diz:

> Das Ilusões da Vida
> Um projeto não arquitetado...
> Ninguém encontra suas incógnitas...
> Interrogações do primeiro até ao último passo...
> Pensamentos somente de vitórias,
> Conquistas, sucesso e êxitos sucessivos...
> Encontros quase diários com fracassos...
> Noites que nascem com o sol de cada dia...
> Dias que não têm sol...
> Noites sem lua e sem estrelas...
> Estrelas que deixam de brilhar...

> Estradas não percorridas...
> Construções não concluídas...
> Um que foi imaginado e não vingou...
> Uma família morreu no embrião...
> Um casamento desfeito antes da cerimônia nupcial...
> Um sonho escuro que jamais viu...
> Uma réstia de luz no fim do túnel...
> Verdades que não são contadas...
> Mentiras vestindo o colete da verdade...
> Uma arma carregada que não dispara...
> Um ministério que não produz nada...
> Uma casa ruiu antes de ser inaugurada...
> Uma religião inoperante, ignorada por seus praticantes...
> Uma ladainha repetida cotidianamente...
> Um redemoinho que surpreende de súbito...
> Uma cascata que não sabe que existe...
> Uma vida toda sem Deus, sem fé,
> Sem paz, sem amor e sem esperança,
> Tudo isso chama-se ilusão da vida.
> (Pr. Nestor H. Mesquita).

Planos, sofrimentos, injustiças, enganos, dor e sonhos fazem parte desta vida presente, que logo não será mais. Tudo some com o tempo. Nas palavras do próprio Jesus: *"O céu e a terra passarão, porém, as minhas palavras permanecem para sempre"* (Marcos 13:31). O livro de Eclesiastes reflete sobre a brevidade e fragilidade da vida. Discorre de forma coerente sobre bênçãos e infortúnios, que alcançam justos e injustos. Identifica com precisão a vaidade da alma humana, e em sua conclusão diz: *"De tudo o que se tem ouvido, o importante é: temer a Deus e guardar os seus mandamentos".*

E a história não era bem assim... Pensei ter sido injustiçada, quando na verdade fui egoísta. Pensei ter sido por Deus abandonada, quando em Seus braços me carregava. Pensei estar sofrendo sem propósito, porém, ao terminar a travessia do deserto, tornei-me mais quebrantada e íntima de Deus. Pensei que ninguém compreendesse minha dor, porém, Jesus sofreu por mim a dor que eu não poderia suportar. Pensei que minha provação não teria fim, até ter vislumbres da eternidade gloriosa que me espera. *"Eu falei do que não conhecia... por isso arrependo-me no pó e na cinza"*. Ao nos encontrarmos com Deus, nada mais perguntaremos... porque Ele é a resposta.

Quando sentir-se desorientado, sozinho, perdido e desamparado... lembre-se: Cristo te entende, porque Ele mesmo enfrentou todos esses sentimentos. Max Lucado faz uma belíssima ilustração, a fim de entendermos melhor a identificação que Cristo tem com a nossa dor:

– Senhor?

– Sim!

– Talvez eu esteja me excedendo, mas preciso dizer-Te algo que está em minha mente.

– Prossiga.

– Não gosto deste versículo: *"Deus meu, Deus meu, por que me desamparaste?"*. Não parecem palavras Tuas, não parece com algo que dirias.

Normalmente, gosto muito de ouvir Tua voz, ouço com atenção quando falas. Imagino o poder de Tua voz, o ribombar de Teus mandamentos, o dinamismo contido em Tuas doutrinas. É isso que gosto de ouvir. Lembras da canção da criação que cantaste da eternidade silenciosa? Ah, fostes Tu, o Criador. Aquilo foi obra de um Deus! E quando ordenaste que as ondas do mar bramissem e elas obedeceram? E quando declaraste que as estrelas deveriam se espalhar no universo e elas obedeceram? Quando proclamaste que haveria vida e tudo começou? Ou quando sopraste o fôlego da vida no Adão feito de barro?

Usaste toda a Tua sabedoria para fazer aquilo. É assim que gosto de ouvir-Te. Essa é a voz que adoro ouvir. É por isso que não gosto deste versículo. És Tu quem dizes isso? Essas palavras são Tuas? Essa voz é Tua? A voz que incendiou a sarça, dividiu o mar ao meio e enviou fogo do céu?

Mas, desta vez, Tua voz é diferente. Observa a frase. Existe um "por quê" no início e uma interrogação no final. Tu não fazes perguntas. O que aconteceu com o ponto de exclamação? Ele é Tua marca registrada. É a Tua assinatura. O ponto de exclamação é tão alto e tão forte quanto as palavras que o procedem. Está no final de Tua ordem a Lázaro: *"Vem para fora!"*. Está no momento ordenas aos demônios: *"Ide!"*. Está em

Tuas palavras de coragem quando caminhas pelas águas e dizes a Teus discípulos: "Não temais!". Tuas palavras merecem um ponto de exclamação. Elas ecoam o som metálico dos símbolos, o tiro de canhão da vitória, o ressoar das carruagens vencedoras. Teus versos abrem desfiladeiros e inflamam discípulos. Fala, Senhor! Tu és o próprio ponto de exclamação...

Então, por que o ponto de interrogação pairando ao final de Tuas palavras? Frágil, submisso. Curvado como se estivesse exausto. Tu podes endireitá-lo. Esticá-lo. Deixá-lo altivo. Já que resolvi conversar francamente contigo, também não gosto da palavra desamparar. A fonte de vida, desamparada? O dom do amor... sozinho? O pai de todos... isolado? Certamente não quiseste dizer isso. Como é possível um ser divino se sentir desamparado? Será que não poderíamos modificar um pouco a sentença? Só um pouco? Apenas o verbo.

– O que você sugere?

– Que tal desafiar? *"Deus meu, Deus meu, por que me desafiaste?"*. Não ficou melhor? Agora podemos aplaudir. Agora podemos levantar estandartes por Sua dedicação. Agora podemos explicar isso a nossos filhos. Agora faz sentido. Isso faz de Ti um herói. Um herói. A história está cheia de heróis. E quem é herói enfrenta desafios.

Ou, talvez não seja esta palavra muito apropriada. Tenho uma outra. Que tal afligir? *"Deus meu, Deus meu, por que me afligiste?"*. É isso aí. Agora Tu és um mártir. Assumindo posição em favor da verdade, um patriota atacado pela maldade. Um soldado nobre que desembainha a espada ensanguentado e ferido, mas vitorioso. Afligir é muito melhor que desamparar. És um mártir, como Patrick Henry e Abraham Lincoln. Tu és Deus, Jesus! Não poderias ficar desamparado. Não poderias ficar sozinho! Não poderias ficar abandonado em um momento de tanto sofrimento.

Abandono. Isso é castigo para um criminoso. Abandono é sofrimento para ser suportado pela mais miserável das criaturas. Abandono. É destinado aos desprezíveis, não a Ti. Não a Ti, o Rei dos reis. Não a Ti, o Alfa e o Ômega. Não foi João que Te chamou de cordeiro de Deus?

Que belo nome! É isso que Tu és. O imaculado cordeiro de Deus. Posso ouvir João proferir estas palavras. Posso vê-lo levantar os olhos. Posso vê-lo sorrir, apontar para Ti e proclamar em voz alta para que todo o Jordão pudesse ouvir: *"Eis o cordeiro de Deus..."*, e antes de terminar a frase, todos os olhos se voltam para Ti. Jovem. Bronzeado. Robusto. Ombros largos e braços fortes. *"Eis o cordeiro de Deus..."*.

– Você gosta desse versículo?

– Gosto muito, Senhor. É um dos meus preferidos. Fala de Ti.

– E quanto à segunda parte?

– Como assim?

– A segunda parte do versículo.

– Hummm, deixa ver se me lembro: *"Eis o cordeiro de Deus, que veio para levar embora o pecado do mundo"*. É isso Senhor?

– É isso mesmo. Pense no que o cordeiro de Deus veio fazer.

"que veio para levar embora o pecado do mundo". Um momento! *"Levar o pecado embora..."*. Nunca meditei sobre estas palavras, apenas li, sem nunca refletir sobre elas. Imaginei que Tu, sei lá, aniquilaste o pecado do mundo. Baniste-o. Imaginei que Tu enfrentaste as montanhas de nossos pecados e ordenaste que sumisses. Da mesma forma que fizeste com os demônios. Da mesma forma que fizeste com os hipócritas no templo. Imaginei que ordenaste que o pecado desaparecesse. Nunca me dei conta que levaste o pecado embora. Nunca me ocorreu que precisaste tocar nele. Ou pior, que ele tivesse tocado em Ti.

Foi um momento terrível. Com certeza. Sei o que é ser tocado pelo pecado. Sei o que é sentir o meu cheiro dessa coisa. Lembras como eu era? Antes de Te conhecer eu chafurdava na lama do pecado. Além de tocar no pecado, eu também amava o pecado. Sorvia-o. Dançava com ele. Vivia no meio dele. Mas, por que estou Te contando isso? Tu o sabes. Tu me viste. Tu me encontraste. Eu estava abandonado. Estava com medo. Lembras? *"Por quê? Por que eu? Por que todo esse sofrimento?"*. Sei que foi uma pergunta tola, não foi a pergunta certa, mas eu só sabia perguntar isso. Eu me sentia confuso, Senhor. Completamente desolado! O pecado faz isso conosco. O pecado nos faz naufragar. Nos deixa órfãos. À deriva. O pecado nos deixa desampar... Oh! Meu Deus! Meu Senhor! Foi isso o que aconteceu? Estás dizendo que o pecado fez contigo o mesmo que fez comigo?

Oh, lamento muito. Lamento muito mesmo. Eu não sabia. Não compreendia. Também sentiste solidão? Tua pergunta foi verdadeira, não foi, Jesus? Então, foi verdade que sentiste medo. Sentiste solidão. Assim como eu senti. Só que eu mereci. Tu não mereceste. Perdoa-me, minha observação foi inoportuna!

É preciso aprender a conciliar nossa impaciência com a Sua providência. Deus sempre fará justiça ao que for fiel. Se não aqui na terra, certamente lá no Céu. Lá no Céu... onde enxugará dos nossos olhos toda lágrima. Onde não haverá mais pranto. Onde a dor será passado esquecido. Como a mãe ao ver o rosto do filho logo esquece a dor que sentiu, ao ver a face de Cristo simplesmente vamos suspirar aliviados: valeu à pena esperar!

Não desista. Siga em frente. Suporte a dor. Carregue a cruz. Faça um bom plantio. Arrependa-se dos seus erros. Alimente sua fé. Ame a Palavra de Deus. Seja fiel. Defenda a verdade. Resista o pecado. Renda-se por completo a Deus. Siga os passos de Jesus. Ande na presença do Espírito Santo. Chore quando tiver vontade. Sorria, apesar das dificuldades! Seja paciente na provação. Seja corajoso no deserto e esperançoso em meio à tempestade. Ilumine em meio às trevas. Cante quando houver luto. Santifique-se. Procure alcançar o ponto onde seja capaz de dizer: "*Não mais eu, mas Cristo vive em mim!*".

Descanse...

Não há sofrimento que dure para sempre!

Em breve Jesus vem nos buscar...

FALE COM
Késia Mesquita

- @kesiamesquita
- www.facebook.com/kesiamesquita
- www.upbooks.com.br/por-que-sofremos
- kesiamesquita2@hotmail.com
- +55 (86) 98126-1610 / 99452-0866

A Mulher Cristã em um Mundo Moderno
Autora: Erica Leite
Editor: Eneas Francisco
ISBN: 978-85-66941-29-6
136 páginas

Sublimidade: o encontro de um homem e uma mulher [Por que mulher foi feita para ficar em casa?]

Autor: Frank Ribeiro
Editor: Eneas Francisco
ISBN: 978-85-66941-12-8
136 páginas

VOCÊ TEM UM LIVRO PARA PUBLICAR?

Conheça nosso selo
para autores independentes
www.upbooks.com.br

(19) 9 8287-2935
contato@upbooks.net.br

 upbooks.editorial

Impresso por CreateSpace nos Estados Unidos da América.

www.ingramcontent.com/pod-product-compliance
Lightning Source LLC
Chambersburg PA
CBHW031352040426
42444CB00005B/263